Manfred Müller

Die Diktatur der Lebenslügen

135 Vorurteile und Irrlehren,
die noch immer die Politik maßgeblich beeinflussen.

Vorwort

Warum sind die Reallöhne und Renten heute niedriger als 1980? Und warum hat sich die Zahl der Arbeitslosen seit 1965 verzwanzigfacht?
Der schleichende Niedergang Deutschlands (und der meisten anderen Industrienationen) ist beileibe kein Naturgesetz. Er ist menschengemacht, das Resultat von Vorurteilen und Irrlehren und den sich daraus ergebenden politischen Fehlentscheidungen. Darum geht es in diesem Buch! Erst durch die respektlose Aufdeckung der manifestierten Lebenslügen wird ersichtlich, was in der Vergangenheit alles falsch gelaufen ist. Das Vertrackte daran: <u>Die meisten Erkenntnisse ergeben sich erst im Kontext mit anderen Einsichten.</u> Und im Zusammenhang mit der Enttarnung verschleiernder Bilanzierungstricks. So wird zum Beispiel die Inflationsrate seit 2002 nach neuen Richtlinien berechnet, wobei sie dann deutlich niedriger ausfällt. Das hat gravierende Auswirkungen. Die kleingerechnete Inflationsrate sorgt für bescheidene Lohnabschlüsse und legitimiert (vermeintlich) eine marktfeindliche Nullzinspolitik. So gerät der wirtschaftliche Kreislauf allmählich in eine schiefe Bahn – und somit außer Kontrolle. Das Fatale: Die Abläufe vollziehen sich schleichend, so dass sie im Einklang mit schönfärberischen Sonntagsreden von der breiten Bevölkerung kaum wahrgenommen werden. Vor allem, weil durch die hohen Zuwächse bis 1980 bereits ein ansehnliches Wohlstandspotential geschaffen wurde und neue technologische Errungenschaften (Smartphones, Internet, Flachbildfernseher usw.) eine Besserung der Lebensbedingungen suggerieren.

Mir geht es nun darum, dieses Geflecht aus Halbwahrheiten und verklärenden dogmatischen Ideologien zu entwirren. Denn bei einer neutralen wirtschaftspolitischen Ausrichtung könnte es allen gesunden Erdenmenschen heute wirklich gut gehen. In Bezug auf Deutschland heißt das nicht unbedingt eine weitere Erhöhung des Konsums (mehr Billigtextilien, mehr elektronischer Schnickschnack, mehr Völlerei), sondern halt mehr Lebensqualität in Form von kürzeren Arbeitszeiten und Arbeitswegen, einem geringeren gesellschaftlichen Leistungsdruck, einem nachhaltigeren Umwelt- und Naturschutz und einer höheren (langlebigeren) Produktqualität.

Weltweit mehr Vernunft und mehr Gerechtigkeit, das ist mein Ziel! Ich halte es zum Beispiel für beschämend, wenn in einem Industriestaat wie Deutschland etwa ein Drittel der erwerbsfähigen Bevölkerung aus dem regulären Arbeitsprozess ausgemustert wurde (in der offiziellen und verdeckten Massenarbeitslosigkeit verharren muss). Oder wenn es Erwerbslosenfamilien finanziell besser geht als entsprechenden Erwerbstätigenhaushalten. Das alles ist menschenunwürdig! Es ist an der Zeit, die bisherigen Denkkategorien unredlicher Demagogen und Hassprediger aufzudecken und die primitive, verleumderische Einteilung in Rechts oder Links endlich zu überwinden. Eine gute, dem Gemeinwohl dienende Demokratie kennt keine Herabwürdigung Andersdenkender, keinen rechthaberischen Fanatismus, kein selbstgerechtes, vorprogrammiertes Schubladendenken.

Manfred J. Müller

Flensburg, im Mai 2021

Über den Autor:
Manfred J. Müller analysiert seit vier Jahrzehnten die Auswirkungen globaler wirtschaftspolitischer Zusammenhänge, betreibt Zukunftsforschung und entwickelt Lösungsansätze zur Festigung der Demokratie und Bewältigung weltweiter Herausforderungen (Ausbeutung von Mensch und Natur, Völkerwanderungen, ruinöser Unterbietungswettbewerb usw.). Von 1992 bis 2004 war er Herausgeber und Autor einer Zeitschrift mit politischen Reformvorschlägen, über die die Leser abstimmen konnten. Nach der Jahrtausendwende wurden von ihm zwölf Bücher veröffentlicht: DIE KULTIVIERUNG DES KAPITALS (2001), ANTI-GLOBALISIERUNG. ZURÜCK ZUR VERNUNFT! (2002), DAS NEUE WIRTSCHAFTSWUNDER (2005), DAS KAPITAL und die Globalisierung (2008), DAS KAPITAL und die Weltwirtschaftskrisen (2010), DAS KAPITAL und der Sozialstaat (2011), RAUS AUS DER EU oder durchhalten bis zum Untergang? (2011), DER FREIHANDELSWAHN (2014), MENSCHLICHKEIT KENNT KEINE GRENZEN. Dummheit aber auch nicht! (2015), ONLY FAIRTRADE! Die kapitalistische Reformation! (2017), DAS KONTRABUCH (2019), DIE WANDLUNG DEUTSCHLANDS NACH DER CORONA-KRISE (2020). Manfred Müller engagiert sich auch im Internet – er betreibt ein Dutzend werbefreier politischer Websites.

4

Inhaltsverzeichnis:

Ist DER SPIEGEL Deutschlands ideologisches Zentrum?

Man könnte es bald meinen! Wenn ich über den fundamentalen Gesinnungswandel unserer Gesellschaft in den letzten 50 Jahren nachdenke, scheint er mir weniger das Ergebnis einer natürlichen Fortentwicklung zu sein, sondern vielmehr die Folge massiver politischer und medialer Einflussnahme. Zumal in Deutschland in vielen Bereichen heute ganz andere Vorstellungen vorherrschen als in anderen Regionen und Staaten. Zum Beispiel was die selbstherrliche Umwandlung zum Einwanderungsland und Vielvölkerstaat betrifft. Wo findet man das heute noch? Selbst die klassischen, extrem dünn besiedelten Einwanderungsländer Kanada, USA und Austalien halten sich seit geraumer Zeit zurück, versuchen die Zuwanderung stark zu begrenzen und nur noch solche Leute einzubürgern, die dem Staat nützlich erscheinen.

Ich lese den Spiegel seit über 40 Jahren und schätze ihn sehr. Woche für Woche finde ich dort wirklich interessante Meinungen und Artikel. Aber: Ich werde das Gefühl nicht los, dass DER SPIEGEL in weiten Kreisen gewissermaßen als Institution gehandelt wird und Gesinnungsjournalisten und vielen Politikern als Vorbild und moralische Oberinstanz gilt. Und das ist gefährlich! Weil sich daraus eine zu dominante Einheitsmeinung manifestiert, sich ein Mainstream bildet. Denn die Vorstellungen des renommierten Wochenmagazins müssen ja keineswegs immer das Maß aller Dinge sein. Wenn aber alle auf diesen Zug aufspringen, geht die Presse- und Meinungsvielfalt allmählich verloren. Ich beobachte das vor allem bei einigen politischen Sendungen des Staatsfernsehens, vor allem im alles entscheidenden Nachrichtensektor. Dort wird über viele systemrelevante Veränderungen kaum oder gar nicht berichtet (etwa über die gravierenden Veränderungen bei der Berechnung der Inflations-, Einkommens- und Erwerbslosenstatistiken). Stattdessen wird dann zum tausendsten und abertausendsten Male an den Holocaust, die nie endende Erbschuld, rassistische und antisemitische Übergriffe einiger durchgeknallter Außenseiter erinnert. Wobei man sich nicht einmal scheut, arg diskriminierende Äußerungen wie "Deutsch ist die Sprache der Täter" bzw. "Deutschland ist das Land der Täter" der Zwangsgebühren zahlenden Bevölkerung unterzujubeln. Alles geschieht natürlich nur aus hehren Motiven und im Kampf gegen das Vergessen. So manches Mal drängt sich der Eindruck auf, Fernsehnachrichten würden von einem antinational-sozialistischen Propagandaministerium dirigiert.

Wirtschaft, Politik & Medien: Wie manipulativ ist unsere Informationsgesellschaft?

Ist die deutsche Bevölkerung tatsächlich heute politisch so gut informiert, wie immer wieder behauptet? Ich hege da so meine Zweifel, denn die Meinungsbildung verläuft in vielen Bereichen recht einseitig. Mittels Propaganda wird oft eine einlullende Mainstream-Ideologie vorgebetet, die Kritiker ausgrenzt, Gegenargumente nicht zulässt und die scheinheilig gepredigte Toleranz kaum erkennen lässt.

Beispiel google und andere Suchmaschinen ...
Werden markante Stichworte wie zum Beispiel Globalisierung, Freihandel, Europäische Union oder Donald Trump eingegeben, wird das Ausmaß der Einflussnahme schnell deutlich. Denn die maßgeblichen ersten fünfzig bis hundert Suchergebnisse werden dominiert von staatlich organisierten Bildungsportalen, dem Staatsfernsehen oder aber den Infodiensten der etablierten Printmedien. Da gibt es kaum einmal Gegenwind. So verbreiten sich fast ausschließlich die konzernfreundlichen Thesen des Zollfreihandels, des Multikulturalismus und der heilen Welt des ewigen Wachstums. Die Daseinsberechtigung des innereuropäischen und globalen Unterbietungs- und Vernichtungswettbewerbs steht somit gar nicht erst zur Debatte.

Beispiel Staatsfernsehen ...
Vor allem die staatlichen Fernsehnachrichten scheinen mir seit Langem einen merkwürdigen Umerziehungsauftrag erfüllen zu wollen. Auch hier werden Gegner der herangezüchteten Mainstream-Ideologie gerne stigmatisiert und als unbelehrbare Dumpfbacken dargestellt. So wird zwar zum Beispiel die EU aufgrund aktueller Ereignisse hin und wieder gerügt, aber die Existenzberechtigung dieser "Schicksalsgemeinschaft" kaum jemals infrage gestellt. Die gleiche Einseitigkeit sehe ich in punkto Euro, der Globalisierung, der Niederlassungsfreiheit, dem Asylrecht usw.

Im Laufe der Jahrzehnte hat sich die Berichterstattung grundlegend gewandelt. Heute würde vermutlich die besonnene Politik Konrad Adenauers und Ludwig Erhards als rechtsradikal gescholten. Obwohl sie überaus erfolgreich war (jährlicher Wohlstandszuwachs über 5 %). Die neue, vermeintlich zukunftsweisende politische Ausrichtung, bescherte uns seit 1980 jedoch einen realen Wohlstandsrückgang von insgesamt ca. 15 %. Und dieser schleichende Niedergang wird dann noch medial als großer Erfolg verbucht ("Noch nie ging es uns so gut wie heute!").

Beispiel Printmedien ...
Auch sie tummeln sich mit ihren werbedurchfluteten Belehrungen, Kommentaren und Ansichten an der Spitze der Suchmaschinen. Dabei folgen sie im Großen und Ganzen der regierungs- und konzernfreundlichen Politik des Establishments. Sie bestätigen und pflegen also weitgehend das, was das Staatsfernsehen vorgibt und vorlebt.

Wie wird die Meinung manipuliert bzw. gesteuert?

1. Durch die Auswahl und Gewichtung der Nachrichten, Experten- und Passantenmeinungen. Was einem gelegen kommt, wird ausführlich abgehandelt und ausgeschlachtet. Unliebsame Meldungen erscheinen im Hintergrund oder werden gar ignoriert. Das betrifft nicht nur den Freihandel, den Euro und die EU, sondern auch die Zuwanderungs- und Asylpolitik sowie die mediale Fokussierung auf rechte Gewalttaten einzelner Verrückter. An diese wird oft jahrzehntelang erinnert – ebenso wie an alte Naziverbrechen (zur Pflege der kollektiven Erbschuldideologie). Auch diese teilweise schon rassistisch anmutende Nestbeschmutzung hat System und politische Hintergründe.

2. Durch hasstriefende Hetze gegen unliebsame Personen. Wie herablassend und gehässig wurde bzw. wird z. B. über Donald Trump, Boris Johnson, Victor Orban usw. gelästert. Wo bleibt da die Objektivität?

3. Durch das Verschweigen von Nachteilen oder die Schmähung von Alternativen werden radikale Ideologien wie zum Beispiel das globale Lohn- und Steuerdumping (verursacht durch den Zollabbau), die europäische Transfer-Schuldenunion, die realitätsferne Euro-Einheitswährung, die marktfeindliche Nullzinspolitik usw. salonfähig gemacht. Ständig surrt in dieser Richtung die penetrante Propagandamaschinerie, damit ja kein Zweifel oder Unmut aufkeimt.

4. Die Wortwahl macht's. Gesinnungsjournalisten können ihren abgrundtiefen Hass gegen Andersdenkende oft nicht im Zaum halten. Wortgewandt dreschen sie auf ihre Gegner oder vermeintlich "Ewiggestrigen" ein, so dass diese in der Öffentlichkeit nur noch als Abschaum wahrgenommen werden. Wo bleibt da der Respekt vor der Demokratie? Eine solche Geisteshaltung führt zur Spaltung der Gesellschaft.

Überrumpelung statt repräsentative Demokratie?
Die wirklich systemrelevanten Entscheidungen (Abschaffung der DM, schleichende Umwandlung Deutschlands zum Vielvölkerstaat, seit 10 Jahren manipulierte Nullzinspolitik, EU-Schulden-Transferunion, Verzicht auf funktionsfähige Staatsgrenzen usw.) wurden ohne Wählerauftrag getroffen! Eine allmähliche Akzeptanz des von oben verordneten

Wandels entwickelte sich erst im Nachhinein über eine permanente Propaganda (Umerziehung). Was hat eine solche Praxis, ein solches Vorgehen noch mit einer repräsentativen Demokratie gemein? Wie machtlos ist der einzelne Bürger, wenn selbst Wahlen zur Farce werden?

Wer besitzt die Deutungshoheit und wer maßt sie sich an?

Haben die Konzerne, das Establishment, die Altparteien und die ihnen ergebenen Medien immer Recht?

Seit 40 Jahren befindet sich unser „Exportwunderland" im Niedergang (sinkende Reallöhne, Massenarbeitslosigkeit statt Vollbeschäftigung, schleichende Enteignung durch die Nullzinspolitik usw.). Dennoch meinen sich selbst überschätzende Meinungsbildner nach wie vor, sie besäßen die alleinige Deutungshoheit. In ihrem Luftschloss ignoranter Abgehobenheit halten sie eisern an ihren verschrobenen, längst widerlegten Dogmen fest. Unbeirrt, unbelehrbar, ohne jeden Selbstzweifel.

Ist zum Beispiel das System des globalen Lohn-, Konzernsteuer-, Ökologie-, Zins- und Zolldumpings wirklich alternativlos?
Gehört die hemmungslose Ausbeutung ausländischer Billiglöhner und knapper Ressourcen zum Geschäft, bildet sie die Grundlage des Kapitalismus? Darf es nur dieses Geschäftsmodell geben? Notorische Globalisierungslobbyisten, Abstiegsleugner und Gesundbeter wollen uns genau das immer wieder einreden.

Die Allmacht der Freihandelsideologen ...
Freihandel, das klingt so furchtbar edel, weltoffen und fortschrittlich. Aber was verbirgt sich hinter diesem Zauberwort? Es geht schlicht und einfach um die Ächtung/Verteufelung des Importzolls. Denn die weitgehende Abschaffung dieses wichtigen Steuerungsinstrumentes und dieser <u>segensreichen Einnahmequelle</u> wirkt wie ein modernes Ermächtigungsgesetz zugunsten der Global Player. Existieren keine nennenswerte Zölle, können Hersteller jederzeit mit der Auslagerung ihrer Produktionsstätten drohen – mit allen sich daraus ergebenden Folgewirkungen (Lohndumping, Massenarbeitslosigkeit, Pandemiegefahren, Umweltbelastungen usw.). Es dürfte eigentlich nicht allzu schwer sein, diesen sich verheerend auswirkenden Mechanismus zu verstehen.

Der perfekte Kreislauf der demagogischen Meinungsbildung und Umerziehung ...
Um glaubwürdig zu wirken, braucht es Geld und Macht. Diese Grundvoraussetzungen
genügen, um ein Netzwerk sich gegenseitig bestätigender und stützender Einflussnahme
zu etablieren. Establishment-Politik, Mainstream-Medien und abhängige Wirtschaftsforschungsinstitute bilden somit die Basis für einen perfekt funktionierenden Propagan-
daapparat. Was unaufhörlich in den Leitmedien aufgegriffen, ausgeweidet und kolportiert wird, was durch Gefälligkeitsgutachten oder genehme "Studien" bestätigt wird, gilt
früher oder später als Konsens und unumstößliche Wahrheit. Selbst wenn absolut nichts
dran ist und es sich um geschickt lancierte Propagandamärchen, Verschwörungstheorien
oder Ablenkungsmanöver handelt.

Gegen den herangezüchteten Mainstream lässt sich kaum etwas ausrichten.
Selbst wenn Gesetzesänderungen und Neuausrichtungen noch so absurd und fragwürdig sind! Wenn zum Beispiel
• ein dichtbesiedelter Sozialstaat zum Einwanderungland erklärt wird
• oder man die mustergültige nationale Währung (DM) einem irrationalen Multikultigeld
(Euro) opfert,
• wenn man sich infolgedessen auf eine jahrzehntelange Nullzinsphase und eine unab-
sehbare Transferunion einlässt,
• wenn man auf schützende Staatsgrenzen verzichtet
• und die europäische Niederlassungsfreiheit proklamiert –
es lässt sich alles verkaufen, schönreden und mit windigen Argumenten begründen. Denn
unsere Welt ist inzwischen derart kompliziert geworden, dass Otto Normalbürger die
tausendfachen weltwirtschaftlichen Verstrickungen, Verzahnungen und Spätfolgen gar
nicht mehr erfassen kann. Nicht einmal ansatzweise. Sogar die meisten Politiker scheinen damit überfordert, auch sie sind oft Opfer der alle Vernunft übertönenden Main-
stream-Dauerbeschallung (Gehirnwäsche).

Und so haben die Rädelsführer, Interessenvertreter und Claqueure des Großkapitals leich-
tes Spiel, ihre Pfründe zu verteidigen. Dank ihrer Marktmacht besitzen sie die Deutungshoheit, bestimmen über Gut und Böse. Sie kanzeln als Populismus ab, was ihnen nicht
in den Kram passt, überschütten „zwecks Rettung der Demokratie“ Andersdenkende
mit Hass und Häme und vereiteln somit zielführende Debatten über die wahren Herausforderungen unserer Zeit. In einer besonders heiklen Lage befinden sich leider viele
Prominente. Welcher Politiker, Schauspieler, Musiker, Kunstschaffende darf es sich heute noch erlauben, eine eigene, vom Mainstream abweichende politische Meinung zu
vertreten? Ein falsches Wort kann beretis das Aus, das Ende der Karriere bedeuten.

Grundsätzliches – Worum es wirklich geht!

Das Ziel ist klar!
Jeder verantwortungsbewusste Bürger, Politiker oder Journalist wünscht sich nichts sehnlicher als einen weltweit hohen Wohlstand unter Wahrung von Natur und Umwelt. Uneinigkeit herrscht nur darüber, wie diese hehren Ziele zu erreichen sind. Tonangebende Intellektuelle tun oft so, als besäßen sie die alleinige Weisheit und Urteilskraft. Sie pochen auf das "liberale" Dumpingsystem, setzen also voll und ganz auf den globalen Unterbietungswettbewerb. Und sie sehen auch die Willkommenskultur und Völkerwanderungen als probates Mittel, bestehende globale Wohlstandsunterschiede auszugleichen. Sie interpretieren dies als Humanität im Rahmen der Menschenrechte.

Soweit die Ziele auch identisch sind, die Lösungsansätze könnten unterschiedlicher kaum sein. Denn es gibt andere Wahrnehmungen. Es wäre unfair und engstirnig, den Gegnern der trügerischen "Weltoffenheit" Böses zu unterstellen. Oder sie gar als Ewiggestrige, Nationalisten oder Rassisten abzustempeln. Debatten auf einem derart primitiven Niveau sind einer zivilisierten Demokratie unwürdig. Es gilt also, ohne hysterische Voreingenommenheit und Schaum vorm Mund sachlich das Für und Wider abzuwägen. Das bedingt, das zunächst einmal die Entwicklung der letzten Jahrzehnte rekapituliert wird.

Die Misserfolge der Vergangenheit sprechen gegen ein "Weiter-so"!
Der Niedergang der alten Industrienationen, gigantische Lohnunterschiede zwischen Staaten und Kontinenten, die sich weiter spreizende Schere zwischen Arm und Reich, das unkontrollierbare globale Finanzkasino, die anhaltende Zerstörung der Umwelt und der unachtsame Umgang mit den letzten Rohstoffen – all das sind doch eigentlich unbestreitbare Indizien! Sie widerlegen eindeutig die Argumente der Freihandels-Enthusiasten, Kosmopoliten und Multikultler. Die gehypten Ideologien des grenzenlosen Liberalismus und der Weltoffenheit haben sich als überzogen, schädlich und kontraproduktiv erwiesen, welcher klar denkende Mensch kann das noch bezweifeln? Also ist es kein Affront, von widerlegten Thesen und Theorien abzurücken – es ist das Gebot der Stunde. Es gibt da nur ein Problem: Angesichts einer gehirnwäscheartigen Dauerpropaganda und geschönter (entstellender) Statistiken nehmen viele Bundesbürger den seit Jahrzehnten anhaltenden Abwärtstrend gar nicht mehr wahr. Deshalb:

Wie bemisst sich der politische Erfolg?
Es ist eigentlich ganz einfach zu erkennen, ob sich ein Land im Auf- oder Abstieg befin-

det. Zwei Hauptkriterien reichen aus, um die Lage grob einzuschätzen. Zum einen spielt natürlich der Werdegang des realen Nettostundenlohnes eine Rolle, denn der gibt Aufschluss über die Veränderung der Kaufkraft. Als ebenso wichtiger Gradmesser des politischen Erfolges gelten die Zahlen der offiziellen und verdeckten Erwerbslosigkeit. Andere Kriterien, wie etwa das Wirtschaftswachstum, das BIP oder der Handelsbilanzüberschuss, haben kaum eine relevante Aussagekraft. Deren Statistiken dienen eher der Verwirrung als der Aufklärung. Die Gretchenfrage also lautet: Wie haben sich die beiden Basisdaten fortentwickelt. Das beschämende Fazit: In den westlichen Industriestaaten gab es nicht, wie angesichts des steten produktiven Fortschritts zu erwarten, eine Verdoppelung der Erwerbseinkommen – es ist vielmehr eine paradoxe Verschlechterung eingetreten. Und was die Arbeitslosenzahlen betrifft sieht es sogar noch düsterer aus. Die in den Fernsehnachrichten so gerne präsentierten verklärenden Propagandaerfolge haben mit den tatsächlichen Verhältnissen kaum noch etwas gemein. Um das Ausmaß der Täuschung zu verstehen bzw. zu verinnerlichen, werden auf den folgenden Seiten zunächst einmal die Basisdaten näher inspiziert. So soll verdeutlicht werden, wie sehr sich die Berechnungsgrundlagen im Laufe der Zeit verändert haben. Aufbauend auf diesen Erkenntnissen ergibt sich eine ganz andere Einschätzung der Lage, fernab von der üblichen Selbstbeweihräucherung. Nur aufgrund ungeschminkter Daten können fachlich fundierte Entscheidungen getroffen und fatale Fehlentwicklungen erkannt und vermieden werden. Denn wäre alles gut, bräuchte es kaum Änderungen geben, dann könnte die politisch-journalistische Elite weitermachen wie bisher.

Wer Missstände aufdeckt und Alternativen für eingebrannte Irrlehren aufzeigt, ist nicht unbedingt ein schlechter Mensch!
Auch wenn gewissenlose Aufwiegler und Hassprediger dies immer wieder gerne intonieren möchten. Nicht diejenigen, die in den Grundsatzfragen den Widerspruch wagen, sind eine Gefahr für die repräsentative Demokratie, sondern die selbstherrlichen Besitzstandswahrer mit eingebauter Deutungshoheit. Das zeigt sich besonders in Bezug auf die echte Solidarität, Hilfsbereitschaft und Menschlichkeit. Denn das heutige weit verbreitete Elend in der Welt ist vornehmlich das Ergebnis politischer Fehlentscheidungen, die wiederum aus vertuschenden Daten und hinterlistigen Argumenten resultieren.

Was entscheidet über den Aufstieg bzw. Fall moderner Industriestaaten?
Im Grunde ist die Sache recht einfach: Entscheidend ist das Recht, die Moral, die Leistungsbereitschaft und das Zusammengehörigkeitsgefühl einer Gesellschaft. Diese Grundvoraussetzungen kann es nur geben, wenn ein Staat sich vor dem ruinösen Vernichtungswettbewerb von außen schützt. Über angemessene Zölle und/oder Mehrwertsteuern.

Wird das Land jedoch überrollt von ausländischen Dumpingattacken oder aber die ursprüngliche Bevölkerung unterwandert von einer zu hohen Zahl schwer integrierbarer, kulturfremder oder gar krimineller Wirtschaftsflüchtlinge, ist der Niedergang quasi vorprogrammiert. Vor allem, wenn noch andere politische Ursünden hinzukommen. Die weitgehende Finanzierung des Sozialstaates über Sozialabgaben und Lohnsteuern etwa scheint mir eine Paradebeispiel für politisches Unvermögen. Ein solch unverblümtes Resümee mag zwar vielen Zeitgenossen missfallen, aber im Zuge der Coronakrise macht es keinen Sinn mehr, um den heißen Brei herumzureden und realitätsfernen Wunschträumen anzuhängen. Das gilt auch hinsichtlich des Umweltschutzes, des Klimawandels und der Zukunft der Entwicklungsländer: Die Zeit der Illusionen, Lebenslügen und Ablenkungsmanöver ist vorbei. Die oft dummdreisten entstellenden Behauptungen und Irrlehren gehören an den Pranger.

Warum so viele Leute nicht wahrhaben wollen, dass der Reallohn seit 1980 in Deutschland um über 15 Prozent gesunken ist ...

Leider werden von Politikern und Publizisten unliebsame Realitäten gerne ausgeblendet und zur Beruhigung verschleiernde Bilanzen aufgetischt. Nicht einmal das deutliche Absinken der Nettolöhne seit 1980 will man sich und dem Volk eingestehen. Getrickst wird bei diesen Vertuschungen mit allen Mitteln. Einige Beispiele:

1. Darf man die Inflation ignorieren?
Lohnanstiege lassen sich leicht vortäuschen, indem man einfach die Inflation unberücksichtigt lässt (oder die Inflationsstatistiken schönt)

2. Brutto statt netto ...
Das gleiche geschieht mit der Nichtberücksichtigung von Abzügen – dem beliebten Brutto-Verwirrspiel. Aber was nützt ein höherer Bruttolohn, wenn netto immer weniger übrigbleibt? Schon die kalte Progression (der Umstand, dass durch die Inflation Erwerbstätige in höhere Steuerklassen rutschen) erhöht die Abgabenlast.

3. Bundesdurchschnitt statt ehrliche Einkommensentwicklung der einzelnen Berufssparten ...
Es werden keine berufsspezifischen Vergleiche angestellt, sondern die allgemeine Einkommensentwicklung aller sozialversicherungspflichtigen Arbeitnehmer. Es wird also der heutige Diplomingenieur mit dem damaligen Fließbandarbeiter in einen Topf ge-

worfen. Ein völliger Schwachsinn! (Die Zahl der Abiturienten hat sich seit den 1950er Jahren fast verzehnfacht.) Aber trotz aller Tricks: Sogar der Durchschnittslohn ist gesunken! Obwohl sich die Produktivität seit 1980 mehr als verdoppelt hat! Aber Statistiken darüber werden wohlweislich vermieden.

4. Höhere Zuzahlungen und schlechterer Versicherungsschutz fallen unter den Tisch.

Es werden keine Sonderregelungen berücksichtigt. Die Selbstbeteiligung im Gesundheitswesen wurde zum Beispiel zunehmend ausgebaut (Zuzahlungen zu Arzneien und bei Zahnersatz, Kostenübernahme bei ärztlich angeratenen Extrauntersuchungen, keine Kostenbeteiligung mehr bei Sehhilfen usw.), weitere Leistungen teilweise eingeschränkt oder abgeschafft (Kuren, Sterbegeld). In vielen Bundesländern wurde sogar ein kirchlicher Feiertag ersatzlos gestrichen und dem "Fortschritt" geopfert.

5. Selbst die Verschlechterung der Arbeitsbedingungen bleibt unbeachtet …

Die Schichtarbeit wurde deutlich erweitert und die diesbezüglichen Erschwerniszuschläge abgesenkt. Im Durchschnittslohn-Eintopf von heute befinden sich also viel mehr Schichtarbeiter als früher (dennoch sind die Reallöhne trotz höherer Qualifikation gesunken). Ebenso haben Firmen laufend Personal eingespart auf Kosten der anderen Mitarbeiter – Leistungsdruck und Stress sind stetig gewachsen.

6. Abbau der übertariflichen Leistungen …

1980 waren übertarifliche Leistungen von 10 bis 20 % bei vielen Firmen Pflicht (weil sie sonst keine Leute fanden). Heute ist es umgekehrt, es wird oft genug unter Tarif gezahlt. 1980 wurden die reichlich gemachten Überstunden mit hohen Aufschlägen ausbezahlt, heute erwarten viele Chefs unbezahlte Überstunden.

1980 überboten sich die Firmen mit großzügigen Sozialleistungen (billige Firmenwohnungen, Firmenwagen-Nutzung, Betriebsrenten, subventioniertes Kantinenessen, Fahrgeldzuschuss usw.). Heute sind derlei Draufgaben weitgehend unbekannt.

7. Und sogar der Rentenanspruch fällt geringer aus …

Ist in irgendeiner Statistik der Einkommensentwicklung schon jemals berücksichtigt worden, dass schließlich auch die erarbeiteten Rentenansprüche spürbar einbrechen? Dabei gehört dieser Aspekt doch unmittelbar dazu! Die Renten sind seit gut drei Jahrzehnten stetig abgesunken. Wer heute malocht, bekommt trotz hoher Beitragszahlungen später vielleicht nur eine Rente auf Grundrentenniveau (dann waren sämtliche Beitragszahlungen für die Katz). Heute erwartet der Staat von den Arbeitnehmern den Aufbau einer privaten Zusatzrente, die die Betroffenen natürlich aus eigener Tasche bezahlen sollen (trotz stetig sinkender Reallöhne). Die für die Zusatzrente aufgewendeten Gelder (erforderlich wären im Durchschnitt etwa 200 Euro monatlich) müssten also vom heutigen

Nettolohn abgezogen werden, um einen sauberen Vergleich mit 1980 zu ermöglichen. Davon abgesehen: Die hochriskante Billiggeldschwemme der EZB, die die europäische Wirtschaft vor dem Zusammenbruch bewahren soll, macht eine private Altersvorsorge fast unmöglich (führt auch in dieser Hinsicht zu starken Verlusten).

Die Reallohneinbußen sind viel höher als amtlich eingestanden …
Allein schon an dieser kleinen Aufzählung (die sich munter fortführen ließe) wird deutlich, wie sehr amtliche Statistiken von der Wahrheit entfernt sind. Zwar lassen einige veröffentlichte Zahlen bisweilen durchblicken, dass die Reallöhne in den letzten 10 oder 15 Jahren nicht gestiegen sind – das ganze Ausmaß der Misere wird aber nicht preisgegeben (wie würde die Öffentlichkeit wohl darauf reagieren?).

Berücksichtigt man alle relevanten Faktoren, kommt man in den meisten Berufszweigen sicherlich auf einen realen Einkommensverlust in Höhe von 20 bis 30 %. Sogar das durchschnittliche Erwerbseinkommen in Deutschland dürfte entsprechend gesunken sein. Aber leider gibt es darüber keine amtlichen Zahlen oder sie werden einfach nicht herausgerückt. Dabei handelt es sich doch hier um einen äußerst wichtigen, systemrelevanten Aspekt.

Woran kranken westliche Demokratien?

Regierungen, Parteien, und Abgeordnete müssen Erfolge vorweisen, um bestehen zu können.
Deshalb werden Bilanzen geschönt und bestehende Ideologien als alternativlos dargestellt.
Und es wird schnöder Populismus betrieben über Wahlgeschenke (Baukindergeld, E-Auto-Bonus, Subventionen, höhere Sozialhilfen usw.), wobei die Leidtragenden dieser betörenden Umverteilungen, also die Steuerzahler, anonym bleiben (keiner kennt sie wirklich, kaum einer fühlt sich betroffen).

Trügerische Inflationsraten!

Durch Kleinrechnung der Inflationsrate fallen die Reallohneinbußen niedriger aus.

Die Berechnung der Inflationsrate ist ein Mysterium. Kein normaler Erdenbürger kann sie nachvollziehen. Dabei ist sie von hoher politischer Relevanz. Denn je geringer die Inflationsrate (offiziell) ausfällt, desto besser für die Lohnentwicklungsbilanz. Es kann ein Wohlstandsanstieg vorgegaukelt werden, der gar nicht existiert. Zudem hilft eine schöngerechnete Inflationsrate den Arbeitgeberverbänden bei den jährlichen Lohnverhandlungen. Und, was noch viel wichtiger ist: Die EZB nutzt die scheinbar niedrige Geldentwertung als Legitimation für ihre hochriskante Billiggeldschwemme (die die Gesetze der Marktwirtschaft aushebelt).

Die Preisentwicklung eines undurchsichtigen Warenkorbes bestimmt die Inflation. Doch wer weiß schon, was dieser Warenkorb alles beinhaltet, wie umfassend er ist und auf wen er überhaupt einigermaßen zutrifft. Denn aus dem Warenkorb wird ein großes Geheimnis gemacht. Angeblich soll er sich aus 750 verschiedenen Waren und Dienstleistungen zusammensetzen – was aber hinter den Kulissen wirklich geschieht, weiß außer den eingeweihten Statistikern niemand.

Nun wird immer wieder betont, die Inflationsrate könne halt nur Durchschnittswerte ermitteln, individuell betrachtet falle sie für jeden Bürger unterschiedlich aus. Doch ich traue dem Frieden nicht. Wenn ich zum Beispiel an die Entwicklung der Immobilienpreise und der Mieten denke – wo und wie schlägt sich das in der Inflationsrate wieder? Wohnhäuser und Eigentumswohnungen sind in den letzten Jahren um bis zu 100 % teurer geworden (vor allem in den Ballungsgebieten). Aber die Geldentwertung scheint das nicht sonderlich zu tangieren.

Mieten steigen aber noch aus einem anderen Grund: Wegen der durch die Billiggeldschwemme herbeigeführten Niedrigzinsen und der staatlichen Förderungs- und Subventionspolitik wird renoviert bis zum Gehtnichtmehr. Die begehrten einfacheren, preisgünstigen Wohnungen werden immer rarer und viele Mieter müssen nun notgedrungen auf teure „Komfort"-Wohnungen zurückgreifen, die sie sich eigentlich gar nicht leisten können und wollen. Es ergeben sich aus diesem Trend für Millionen Haushalte extreme finanzielle Verschlechterungen – aber die Inflationsstatistik bleibt davon unberührt.

Auf der anderen Seite verursacht die Billiggeldschwemme hohe Einkommensverluste bei allen Leuten, die sich fürs Alter etwas aufgespart haben. Nicht einmal mehr die mickrige offizielle Inflationsrate wird über Zinseinkünfte ausgeglichen. DerSchaden scheint mir in Wirklichkeit aber weit höher, da ich die jährliche durchschnittliche Inflationsrate nicht auf ein bis zwei, sondern eher auf drei bis vier Prozent taxiere (also doppelt so hoch). Die schleichende Enteignung verläuft also weit dramatischer als angenommen. Und zusätzlich wächst mit der Billiggeldschwemme auch noch das Risiko eines Totalverlustes – wie weite Teile der deutschen Bevölkerung ihn bereits Anfang der 1920er Jahre und nach dem 2. Weltkrieg erlebt haben. Wann kippt das Vertrauen in den widersprüchlichen Euro, kommt es zu einem Crash? Zahlreiche Finanzexperten fürchten bereits das Schlimmste.

Steigende Krankenkassenbeiträge …

Nicht nur die Beitragssätze zu den Sozialversicherungen werden angehoben – auch die Bemessungsgrenze steigt kontinuierlich. Und so leiden viele sogenannte Besserverdiener unter einem Doppeleffekt: Obwohl ihre Einkommen von Jahr zu Jahr sinken, steigen ihre Abzüge und Beiträge überproportional. Was sagen die klugen Inflationsstatistiker dazu? Vermutlich nichts.

Die Nichtachtung von Qualitätseinbußen …

Seriös lässt sich nur Gleiches mit Gleichem vergleichen. Doch der technologische Fortschritt und neue Produktionsverfahren sorgen in vielen Bereichen für eine Verbesserung der Produkte. Autos, Fernseher und Computer sind heute besser und leistungsstärker als früher. In die Inflationsrate einpreisen lässt sich dieser Effekt kaum, weil er auch dem Sinn der Berechnung widersprechen würde. Es soll schließlich nicht der technische Fortschritt erfasst werden, sondern die Veränderung der Kaufkraft.

Der Wert eines Produktes ist eh relativ. Eine Spiegelreflexkamera war zwar zur anlogen Zeit (als noch mit Filmen fotografiert wurde) weniger leistungsfähig – das Endprodukt (das Foto) hatte aber einen ganz anderen Stellenwert. Ein gutes Foto hatte damals etwas Besonderes, war ein wertvolles Zeitdokument und genoss dementsprechend eine hohe Aufmerksamkeit. Mit der heutigen Bilderflut hat sich der ideelle Wert rasant vermindert, selbst ein gutes Foto findet kaum noch Beachtung. Zumal heute auch leicht Zweifel an der Echtheit einer Aufnahme aufkommen – weil die Manipulationsmöglichkeiten so einfach geworden sind.

Nicht weniger zweifelhaft ist die Steigerung der Leistung bei Computern. Meine 15 Jahre alten Geräte reichen mir vollkommen, es gibt keine Neuerungen, die ich brauche oder nutze. Trotzdem werde ich indirekt genötigt (erpresst), mir alle paar Jahre einen neuen Rechner anzuschaffen – weil ich viele Internetseiten mit meinen alten Computern nicht mehr öffnen kann (es dabei sogar zum Abbruch kommt). Das Problem: Mit den neuen Geräten lassen sich meine alten Programme nicht mehr verwenden. Für sie gibt es keine Updates, auch weil manche Softwareunternehmen gar nicht mehr existieren. Mein sauteures, professionelles Textprogramm "Pagemaker" zum Beispiel, mit dem ich wirklich alles anstellen kann (welches ich auch zur Satzherstellung meiner Bücher verwende), läuft auf neuen Computern nicht mehr. Ich muss mir nun für einige tausend Euro ein neues professionelles Textprogramm zulegen (was nicht mehr leistet als mein altes), das neue Programm erlernen und meine alten Texte zeitaufwendig umfrimeln. Meinen persönlichen Schaden (wenn ich den Zeitaufwand einrechne) schätze ich allein für dieses eine Programm auf 10.000 Euro. Da drückt also die Evolution bei Computern die Inflationsrate nach unten, obwohl auf mich (und vielen Leidensgenossen) hohe Zusatzkosten, Stress und Ärger zukommen und ich, wie gesagt, die neuen Computer eigentlich gar nicht bräuchte.

Auch der Vergleich beim Autofahren hinkt gewaltig. Zwar sind die heutigen Autos besser als vor 30 oder 40 Jahren – das Fahrvergnügen hat dennoch rapide gelitten. Damals fuhr ich in Schleswig-Holstein auf fast leeren Autobahnen – heute reiht sich ein Stau an den anderen und auch die Städte sind inzwischen ein einziger Hindernisparcours.

Bezüglich der Wohnqualität sieht es oft nicht besser aus. Der lärmende Straßenverkehr ist in vielen Gegenden kaum noch auszuhalten, ebenso wie die Verspargelung der Landschaft durch Windparks. Möchten Sie in der Nähe einer großen Windkraftanlage wohnen? All diese Nachteile finden in der Inflationsberechnung keinen Wiederhall.

Eine Verschlechterung der Lebensqualität zeigt sich auch bei der Nahversorgung mit Lebensmitteln. Die meisten Menschen sind heute auf ein Auto angewiesen, weil es den berühmten Tante-Emma-Laden um die Ecke nicht mehr gibt.

Apropos Handel: Der ruinöse Verdrängungswettbewerb (resultierend aus der Aufhebung der Preisbindung) hat zwar wie gewünscht die Inflationsrate etwas gedrückt – aber zu welchem Preis? Das bequeme, sorgenfreie Einkaufen gehört inzwischen der Vergangenheit an. Der Normalbürger investiert (vergeudet) heute einen Teil seiner kostbaren Freizeit mit Preisrecherchen (um ja nicht zu viel zu bezahlen). Und der Handel ist gezwungen, die Republik Woche für Woche mit einer Flut von Werbeprospekten zu überschwemmen (kostenmäßig nicht gerade sinnvoll).

Inzwischen ist der Preiskampf im Internet derart eskaliert, dass es im technischen Bereich kaum noch Waren gibt, die nicht weit unter Einkaufspreis feilgeboten werden. Im Endeffekt setzen sich vermutlich nur solche Versender durch, die mit illegalen Methoden arbeiten (zum Beispiel über sogenannte Karussellgeschäfte die Mehrwertsteuer hinterziehen). Denn keine Firma kann auf Dauer vom Zusatz leben.

Fazit: Wenn es um Qualitätsverbesserungen geht, sind die Statistiker schnell dabei, dies in die Berechnung einfließen zu lassen – weil es die Inflationsrate wie gewünscht nach unten drückt. Umgekehrt aber werden die deutlichen Verschlechterungen nicht eingepreist (falls sie überhaupt bemerkt werden). Leider fehlt es überall an Transparenz. Kein Außenstehender weiß, wie sich der imaginäre Warenkorb, der die Basis für die Berechnung bildet, zusammensetzt und wie die Inflationsrate ermittelt wurde. Ich weiß nur soviel: Der Staat hat ein Interesse daran, die Inflationsrate kleinzurechnen. Denn so lässt sich ein schöner Wohlstandsanstieg vortäuschen, der tatsächlich nicht vorhanden ist. Es scheint alles im Lot zu sein („Uns geht es doch gut und es wird immer besser.“).

Der „genialste" Trick: 2002 erfolgte die Einführung der hedonischen Inflationsberechnung ...

Durch diese klammheimliche Umgestaltung konnte die Inflationsrate trickreich gesenkt werden. Denn von 2002 an wurde in Deutschland der stete technologische Fortschritt mit eingepreist. Wenn zum Beispiel der Preis eines Smartphones sich im Laufe von zehn Jahren um 50 % erhöht, kann so getan werden, als hätte er sich um 50 % verbilligt. Weil sich schließlich die Leistung des Smartphones verbessert hat. Sein Speichervermögen ist größer, die Kamera hochauflösender, der Akku haltbarer, es gibt mehr Anwendungsmöglichkeiten usw. Diese scheinbare Verbilligung technischer Geräte (obwohl sie eigentlich teurer wurden) drückt die offizielle Inflationsrate drastisch nach unten.

Mit diesem Trick (Veränderung der Berechnungsgrundlagen) kann den Bürgern so richtig Sand in die Augen gestreut werden. Die künstlich kleingerechnete Inflationsrate erlaubt „Währungshütern" die Nullzinspolitik und Billiggeldschwemme und sorgt gleichzeitig für bescheidene Lohnabschlüsse, die zwar oft einen kleinen Kaufkraftanstieg vortäuschen, in Wahrheit aber das Gegenteil bewirken. Die Veränderung der statistischen Berechnungsgrundlagen finden wir inzwischen in vielen Bereichen (zum Beispiel auch bei der Feststellung der amtlichen Beschäftigungs- und Arbeitslosenzahlen). Sie vernebeln die Realitäten und bescheren Regierungsparteien die gewünschten geschönten Ergebnisse (mit denen sie die nächste Wahl gewinnen können).

Was macht das ewige Preisdumping mit uns?

Wie verändern stete Preissenkungen das Kaufverhalten? Das absurde Preisdumping im Modebereich zum Beispiel drückt im erheblichem Maße auf die Inflationsrate. Aber ist das überhaupt eine positive Entwicklung, beschert sie den Verbrauchern einen wahren Mehrwert?

Heute gibt es Fast Fashion für einen Bruchteil des noch vor 30 Jahren üblichen Preises. Weil in fernen Staaten Umwelt- und Arbeitsbedingungen keinen hohen Stellenwert genießen und Arbeitssklaven unter widrigsten Umständen ausgebeutet werden. Die Billigklamotten sorgen dafür, dass der Konsument ständig auf der zeitraubenden Jagd nach Schnäppchen ist. Statt einhundert Mal wird ein Kleidungsstück heute im Schnitt nur noch sieben Mal getragen. Auch weil die Qualität der Ware infolge des globalen Preisdrucks enorm abgenommen hat. Der wohlerzogene Modekonsument fühlt sich heute genötigt, sein Outfit ständig zu verändern – um ja nicht dumm aufzufallen.

Das absurde Preisdumping führt die Menschheit in eine Sackgasse. Die Spirale des unstillbaren Anspruchsdenkens, des anerzogenen Konsumzwangs, gaukelt uns eine Wohlstandssteigerung vor, die in Wirklichkeit keine ist und in neue Abhängigkeiten führt. Würde über angemessene Importzölle das globale Unterbietungssystem in seine Schranken verwiesen, wäre die Inflationsrate zwar höher, aber das Lebensgefühl ein ganz anderes und viel entspannter sein. Man könnte wieder Kleidungsstücke hoher Qualität "auftragen", ohne sich irgendwie rechtfertigen oder schämen zu müssen. Im vollen Bewusstsein, umweltschonend zu leben und nicht auf Kosten der Natur und der Lebensbedingungen in den Billiglohnländern.

Es geht auch um die Wurst ...
Wie wenig aussagekräftig die offizielle Preisentwicklung ist, offenbart sich oft erst im Detail. Vergleichen wir zum Beispiel einmal die Qualität von Wiener Würstchen von einst (vor 50 Jahren) mit der von heute. Schon die Aufzucht der Tiere war damals ein ganz andere Sache. Eine Massentierhaltung gab es damals so gut wie nicht, Pharmazeutika wurden nur sparsamst eingesetzt (weniger Antibiotika, Wachstumshormone usw.). Aber auch die Wurstverarbeitung selbst hat sich grundlegend verändert. In der Wurst steckt heute mehr Salz und Chemie (damit sich die Würste lange halten, die Haut nicht schrumpelig wird und Arbeitsschritte eingespart werden können). Früher wurden die Würste noch aufwendig geräuchert, heute kommen künstliche Raucharomen zum Einsatz. Kurzum: Qualität und Geschmack haben sich verschlechtert – aber dies wird bei der Inflationsrate nicht berücksichtigt. Die Preise sind gesunken – nur das zählt.

Nicht viel anders verhält es sich auch beim Brot und Kuchen. Der Preis für Konditorstücke hat sich in den vergangenen 50 Jahren verzehnfacht, aber vermutlich befinden sich Konditorstücke gar nicht mehr im Inflations-Warenkorb, weil die Nachfrage (aufgrund der hohen Preise) deutlich gesunken ist. Stattdessen taucht im Warenkorb jetzt verstärkt Schokolade auf (die immer billiger wurde und die Inflationsrate nach unten drückt). Ebenso wie bei den Würstchen hat sich auch die Qualität der Konditorstücke im allgemeinen deutlich verschlechtert. Vor 50 Jahren gab es in Flensburg noch vier wirklich hervorragende Konditoreien, die sogar köstliche Buttercremetorten herstellen konnten. Heute gibt es in Flensburg nicht eine einzige Konditorei mehr (Buttercremetorten auch nicht) – und die teuren Konditorstücke der Bäckereien sind geschmacklich auf eher bescheidenem Niveau (sie schmecken kaum besser als die übliche Gefrierkost).

Nachtrag: Die Preise für Immobilien, Aktien, Rohstoffe und Edelmetalle (Gold) sind in den letzten Jahrzehnten regelrecht explodiert. Aber diese Preistreiber befinden sich nicht im Warenkorb. Die Folge: Die amtlich errechnete Inflationsrate hat mit der Realität kaum etwas zu schaffen. Das Täuschungsmanöver hat böse Folgen: Die normalen Selbstheilungskräfte des Marktes werden ausgeschaltet! Denn eine ehrliche (hohe Inflationsrate) würde automatisch äquivalente Lohnsteigerungen hervorrufen, die Schere zwischen Arm und Reich hätte nicht diese grotesken Züge angenommen. Und die teuflische Nullzinspolitik (die höchstwahrscheinlich in einer Katastrophe endet) hätte es auch nie gegeben.

Die Tricks bei der Berechnung der Arbeitslosenzahlen in Deutschland (schon vor der Corona-Krise):

1. **Wer in Arbeitsbeschaffungsmaßnahmen untergebracht wird, zählt nicht mehr als arbeitslos.** Auf diese Weise ließen sich bereits sämtliche Erwerbslosen aus der Statistik tilgen (man bräuchte nur genügend ABM-Stellen schaffen).

2. **Erwerbslose, die über 58 Jahre alt sind, fallen aus der Statistik heraus** (weil kaum mehr vermittelbar).

3. **Erwerbslose, die zu Weiterbildungen oder Umschulungen genötigt werden, belasten auch nicht mehr die Arbeitslosenstatistik.**

4. **Wer krank ist, kann schließlich auch nicht arbeiten und braucht deshalb nicht als Arbeitsloser gezählt werden.**

5. **Wer Arbeit sucht, aber aufgrund seiner Vermögensverhältnisse keine Sozialleistungen beanspruchen kann, fällt auch aus der Statistik.**

6. **Wer Aufstocker ist und einer Scheinselbständigkeit nachgeht** (die kaum etwas einbringt) **steht offiziell dem Arbeitsmarkt nicht mehr zur Verfügung** (auch wenn er und seine Familie hauptsächlich von Hartz IV leben).

7. **Ein-Euro-Jobber und geringfügig Beschäftigte verabschieden sich ebenfallls aus der offiziellen Statistik.**

8. **Die Wiedereinstellung von Langzeitarbeitslosen belohnt Vater Staat, indem er bis zu zwei Jahre die vollen Lohnkosten trägt** (einfach unglaublich) und drei weitere Jahre Zuschüsse gewährt.

9. **Wer traumatisiert, psychisch krank oder arbeitsunfähig ist, wird gleichfalls ausgegliedert** (für manche Langzeitarbeitslose oder Drückeberger ein willkommenes Schlupfloch).

10. **Wer sich in langjährigen Asylverfahren befindet, steht dem Arbeitsmarkt auch nicht so recht zur Verfügung.**

11. **In der Autoindustrie sollen in den nächsten Jahren zigtausende Arbeitsplätze abgebaut werden. Vornehmlich über Vorruhestandsregelungen.** Damit wird auch in diesem Bereich die Statistik weitgehend ausgetrickst.

12. **Altersteilzeitregelungen stehen oft nur auf dem Papier.** Viele Personalchefs sind froh, wenn die ausrangierten Teilzeitler ganz zuhause bleiben.

13. **Durch die Zuwanderung lässt sich natürlich auch jede Menge** (eigentlich unbegrenzt) **neuer versicherungspflichtiger Arbeitsplätze schaffen.** Man braucht zusätzliche Sachbearbeiter, Integrationsbeauftragte, Antidiskriminierungsbeauftragte, Sozialarbeiter, Übersetzer, Deutschlehrer, Dolmetscher, Flüchtlingshelfer, Richter (für die vielen Verfahren gegen Asyl-Ablehnungsbescheide), Rechtsbeistände, Ärzte usw.

Die obigen 13 Punkte stellen nur eine Auswahl der Bilanzkosmetik dar. Der Phantasie sind da keine Grenzen gesetzt.

Entwicklung der offiziellen Arbeitslosenzahlen:
1965 = 147.000, 1980 = ca. 900.000, 2018 = ca. 2,3 Millionen.
Aber: Die offiziellen Arbeitslosenzahlen sind heute ein Witz (siehe oben). 1965 kannte man keine Bilanzierungstricks und brauchte sie auch nicht, auch 1980 wurden sie kaum angewendet. Aber heute??? Da wird getrickst, bis sich die Balken biegen. Selbst viele Politiker fallen auf diesen Schmu herein! Um das Maß der Täuschung und Verschleierung voll zu machen, wird genussvoll mit dem absoluten Arbeitslosenhöchststand des Jahres 2005 verglichen (wo sich die statistische Auslagerung der Erwerbslosen noch im Aufbau befand). Und dann wird salbungsvoll erklärt, Exkanzler Gerhard Schröder (SPD) habe durch die Agenda 2010 das Problem gelöst und ein neues Wirtschaftswunder bewirkt. Obwohl doch alle wissen, dass sich die spätere Scheinblüte vor allem auf die anhaltende hochriskante Billiggeldschwemme (Nullzinspolitik) stützte. Welch eine Schmierenkomödie!

Kapitel I

Beispiele gängiger Propagandaformeln und Verschwörungstheorien, die als solche kaum noch wahrgenommen werden.

Nicht die offensichtlichen Verschwörungstheoretiker (Spinner) sind das Problem, sondern die institutionellen, sich seriös gebenden (die als solche selten erkannt werden). Derlei Irreführungen haben sich oft dermaßen etabliert, dass über deren Sinn und Wahrhaftigkeit kaum noch nachgedacht wird. Der politische und volkswirtschaftliche Schaden ist enorm.

„Der Protektionismus schadet allen!"

Klarstellung:

Der Protektionismus (Schutz der heimischen Wirtschaft vor ausländischer Dumpingkonkurrenz) gilt als absolutes Teufelswerk. Der Protektionismus ist derart böse, dass die "freie" (kapitalgesteuerte) Presse es nicht einmal wagt, über das heikle Tabuthema offen und ehrlich zu reden. Tatsache aber ist: Der Protektionismus wurde mit dem Abbau der Zölle nicht abgeschafft, sondern lediglich umgewandelt. Anstelle der offenen und ehrlichen Zölle greift heute ein ganzes Arsenal übler verdeckter Tricks, um im globalen Wettkampf ein bescheidenes Überleben der heimischen Wirtschaft zu sichern.

In Deutschland und der EU wurde der Zoll-Protektionismus weitgehend durch den Subventions-Protektionismus ersetzt – das bedeutet fiskalisch eine totale Umkehr (hohe Ausgaben statt hohe Einnahmen) zugunsten des Großkapitals. Dabei gibt es noch Dutzende anderer Spielarten des Protektionismus (Währungs-, Lohn-, Ökodumping, Korruption, Verbot freier Gewerkschaften usw.), die weitgehend unbeachtet bleiben. Die Fixierung allein auf die Zölle ist pure Heuchelei.

„Der Protektionismus steht für die typische Verlogenheit in der öffentlichen Berichterstattung. Der faire Bedingungen schaffende Dumpingschutz (also der Zoll) wird geächtet, das bösartige Krebsgeschwür der abgepressten Subventionen wird gerechtfertigt.
Man mache sich keine Illusionen: Egal ob Zölle oder Subventionen – ohne Protektionismus wären alle Hochlohnländer längst ruiniert."

„Die Mehrwertsteuer ist unsozial!"

Gegendarstellung:

Wer so daherredet, bezeugt seine Ahnungslosigkeit. Würde der Sozialstaat stärker über Konsumsteuern finanziert und würden im Gegenzug die Sozialversicherungsbeiträge abgesenkt, wäre das ein Segen für alle (selbst für Rentner und Sozialhilfebezieher). Denn anders als Unwissende glauben, werden durch eine Umfinanzierung der Lohnnebenkosten (Mehrwertsteuer rauf, Sozialversicherungsbeiträge runter) Waren und Dienstleistungen nicht teurer. Weil eben die Arbeitskosten dadurch sinken.

Weitere positive Aspekte kommen hinzu: Importwaren müssen sich bei einer höheren Mehrwertsteuer stärker an den Kosten des Sozialstaates beteiligen. Das bedeutet: mehr Gerechtigkeit beim Standortwettbewerb. Und die Diskrepanz bezüglich der künstlichen „Bestrafung" des Faktors Arbeit (über Sozialversicherungsbeträge) und der Subventionierung der Investitionen wird deutlich abgebaut. Es gibt dann also weniger arbeitsplatzvernichtende, kontraproduktive Automatisierungen und Investitionen, das System einer fairen Marktwirtschaft wird dadurch gestärkt.

„Nur für Kapitalisten, Laien und Unbedarfte ist die Mehrwertsteuer ein rotes Tuch. Die Mehrwertsteuer ist im Grunde die sozialste und ökologisch sinnvollste Abgabeform, die man sich vorstellen kann."

„Eine reife Volkswirtschaft kann nicht mehr wachsen ..."

Richtigstellung:

Auch diese Behauptung dient nur der Ablenkung und Beschwichtigung. Denn die letzten 150 Jahre haben gezeigt, dass es eine "reife" Volkswirtschaft nicht gibt. Ständig gibt es weitere Fortschritte und neue Innovationen. Gerade die umwälzenden Erfindungen seit 1980 (Computer, Mikrochips) hätten einen beispiellosen Wohlstandsschub bringen müssen! Wieso dieser natürliche Mechanismus versagte, sollte zu denken geben. Was ist volkswirtschaftlich gesehen heute so viel anders im Vergleich zu früher? Und in dieser Hinsicht gibt es nur ein markantes Symptom: Der globale Abbau der Zölle (also die Globalisierung).

„Falsche Behauptungen, Vorurteile und Irrlehren führen zu falschen Schlussfolgerungen und in der Summe zu fatalen Fehlentscheidun-

„Das ist rückwärtsgewandtes Denken ..."

Gegendarstellung:

Wieder so ein typisches Totschlagargument. Alles was Realitätsverweigerern nicht ins Konzept passt, wird als "rückwärtsgewandtes Denken" abgetan. Dabei geht mit dieser bösen Voreingenommenheit ein wichtiges Korrektiv verloren. Denn es unterbindet die notwendige Rückbesinnung auf vergangene Zeiten und Erfahrungswerte. Man muss doch schließlich wissen, ob gesetzliche oder gesellschaftliche Veränderungen sich positiv oder negativ ausgewirkt haben. Der sture, tunnelartige Blick nach vorn, der alles verschmäht, was nicht den herangezüchteten Ideologien linker Meinungsführer entspricht, verheißt oft wenig Gutes.

Viele Menschen, die zum Beispiel die 1970er Jahre nicht bewusst miterlebten, haben ganz falsche Vorstellungen von damals. Sie können sich zum Beispiel gar nicht vorstellen, dass insgesamt betrachtet die Lebensqualität der Bundesbürger höher war als heute. Obwohl es damals noch keine Smartphones, Computer und hochauflösende Flachbildschirme gab. Ganz allgemein betrachtet konnten die genialen Errungenschaften in Wissenschaft und Technik den durch politische Fehlentscheidungen verursachten Schaden nicht aufwiegen. Das traurige Fazit: Mit dem Uraltwissen der 1970er und den Uraltmaschinen von damals haben die Deutschen (pauschal) besser gelebt als heute. Das ist eine sehr beschämende, aber notwendige Bilanz.

Mitverantwortlich für den schleichenden Niedergang war das fehlende Kontrollsystem, die fehlende regelmäßige Rückbesinnung. Wurde jemals geprüft, ob zum Beispiel die Aufhebung der Preisbindung Gutes bewirkt hat? Ob die Abschaffung der DM und der nationalen Grenzen (Schengen) richtig waren? Und hatten die Niederlassungsfreiheit innerhalb Europas, die deutsche Asyl- und Einwanderungspolitik, die weitgehende Abschaffung der Zölle, die Liberalisierung der Finanzmärkte, die Akzeptanz von Kryptowährungen usw. positive Auswirkungen? Nein, derlei Erfolgskontrollen gab es nicht. Oder sie wurden nicht veröffentlicht. Weil deren Ergebnisse zu peinlich gewesen wären und Bundestagswahlen beeinflusst hätten. All solche Überlegungen wurden abgebürstet mit der dogmatischen Warnung eines "rückwärtsgewandten Denkens" bzw. einer "rückwärtsgewandten Politik" oder der ätzenden Polemik gegen vermeintlich "Ewiggestrige".

Stattdessen wurden fleißig Phrasen gedroschen bezüglich "der enormen Herausforderungen, denen wir uns stellen müssen" (die Digitalisierungs-Panik z. B.). Dabei kreist die Gedanken- und Wahrnehmungswelt des richtungsweisenden (bevormundenden) linken ideologischen Zentrums offenbar in einem weitgehend abgeschirmten Paralleluniversum: Deutschland muss technologisch weltweit führend sein, um nicht abgehängt zu werden, um im globalen Vernichtungswettbewerb weiter bestehen zu können. Wie arrogant ist ein solches Herrenrasse-Syndrom, wie human ist dieser dauerhaft überfordernde Leistungsdruck? Sollen unsere jungen Generationen lernen und arbeiten bis zum Umfallen? Weil Regierungen es nicht wagen, sich über Zölle von dieser Perversion abzukoppeln?

„Unser wahres Problem ist der Fachkräftemangel ...“

Richtigstellung:

Mit zahlreichen Argumenten ließe sich das Märchen vom Fachkräftemangel widerlegen. Hier nur die wichtigsten drei:

1. **Einen Fachkräftemangel gibt es meist nur bei unzureichender Entlohnung.** Dadurch wurden manche Berufe im Konkurrenzkampf zu anderen einfach zu unattraktiv. Mit Geld lässt sich alles regeln.

2. **Eine Zuwanderung aus dem Ausland löst das Problem des Fachkräftemangels nicht, es verschiebt es nur in andere Bereiche.** Eingereiste Pflegekräfte, Handwerker und Erntehelfer können zwar notdürftig manche Lücken schließen (die in der Regel durch Unterbezahlungen entstanden sind), dafür werden an anderer Stelle aber weit größere Lükken aufgerissen. Dann fehlt es nämlich an Ärzten, Richtern, Juristen, Dolmetschern, Polizisten, Lehrern, an Wohnungen, Schulen, Straßen, Flugplätzen usw. Weil auch Zuwanderer nicht von Luft und Liebe leben und in allen Bereichen versorgt werden müssen. Die Gesamtbilanz ist negativ, weil Zuwanderer im Schnitt einen weit höheren Versorgungsaufwand erfordern (Betreuer, Sozialarbeiter, Dolmetscher) und die Beschäftigungsquote der Zugereisten deutlich schlechter ist als bei den Einheimischen.

3. **Angesichts von 2,3 Millionen offiziellen Erwerbslosen und weiteren vielen Millionen Menschen in der verdeckten Arbeitslosigkeit** (alles schon vor der Coronakrise) **ist die Proklamation des Fachkräftemangels eh der reinste Hohn.** Hier zeigt sich wieder: In schlecht bezahlten Berufen ist Arbeit zu unattraktiv! Hartz-IV-Haushalten geht es oft besser als Durchschnittsverdienern. Die Fachkräftemangel-Propaganda ist ein Lehrbeispiel für die Verlogenheit in unserer Gesellschaft. Sich mit diesem Thema ausführlicher auseinanderzusetzen lohnt sich!

Wie konnte es angehen, dass der dichtbesiedelte deutsche Sozialstaat zum Vielvölker-Einwanderungsland umfunktioniert wurde? Schleichend, ohne echte politische Legitimation? Dieses Husarenstück war nur möglich, indem ein Fachkräftemangel vorgegaukelt wurde und laute Demagogen, naive Gutmenschen und verbissene Multikulti-Fanatiker ein deutschfeindliches Klima der Selbstverachtung schufen. Ein Klima, in dem jeder Umerziehungs-Unwillige als Ewiggestriger, Rassist, Fremdenfeind oder Neonazi abgestempelt wurde. Auf diese Weise haben sich das Establishment und die Strippenzieher der öffentlichen Meinungsbildung jegliche echte Opposition vom Halse gehalten.

„Ist alles nur eine Glaubensfrage? Wer hat nun recht? Die Politiker und Medien, die die Behauptungen der Kapitallobby ständig nachbeten? Oder sind konträre Ansichten doch wert, gehört zu werden."

„Weil die Babyboomer bald in Rente gehen, braucht Deutschland jährlich 400.000 Zuwanderer!"

Gegendarstellung:

Welch ein hinterhältiges Argument! Über zehn Millionen Bundesbürger suchen nach einem vernünftigen Job – und die Multikulti- und Kapitalistenlobby beschwört bereits jetzt den anstehenden Fachkräftenotstand ("Der Spiegel" Heft 1/2021 Seite 69). Dabei weiß man noch nicht einmal, wie sich die Coronakrise letztlich am Arbeitsmarkt auswirkt. Zudem wird (wie oft muss man das eigentlich noch sagen), durch eine großzügige Zuwanderungspolitik der Fachkräftemangel nicht behoben, sondern lediglich in andere Bereiche verschoben. Es fehlt dann zwar weniger an Billiglöhnern, dafür mangelt es dann umso mehr an hochqualifizierten Fachkräften. Insgesamt ergibt sich durch die Zuwanderung eine negative Beschäftigungsbilanz, der Fachkräftemangel weitet sich aus.

Es ist absurd zu behaupten, ein Staat mit 30, 50, 80 oder 100 Millionen Einwohnern sei nicht in der Lage, sich selbst zu versorgen und sei auf ausländische Arbeitskräfte angewiesen. Wo ist die Grenze, wann ist es genug? Seit 60 Jahren nun betreibt Deutschland eine Zuwanderungspolitik (ohne diese hätten wir heute statt 84 Millionen vermutlich ca. 55 Millionen Einwohner). Und immer noch kommt man mit der gleichen stupiden Fachkräftemangel-Masche. Hat man aus den letzten Jahrzehnten rein gar nichts gelernt? Will man unser Land mit Gewalt (und ohne echten Wählerauftrag) in eine Multikulti-Vielvölker-EU-Provinz umformen?

PS: Auch die Babyboomer sind sterblich. In 25 Jahren hat sich das vermeintliche Problem weitgehend von selbst erledigt. Was macht man dann mit den zehn Millionen neuen "Gastarbeitern" (und ihren Familien), die man dann gar nicht mehr braucht und allmählich auch ins Rentenalter rutschen?

> *„Es ist schon merkwürdig. Da unken einerseits Experten, dass uns wegen der Digitalisierung die Arbeit ausgeht – und gleichzeitig wird gewarnt vor dem drohenden Fachkräftemangel.“*

„Deutschland stirbt aus!“

Gegendarstellung:

In den letzten 60 Jahren ist die Bevölkerung Deutschlands (ehemals BRD+DDR) von 69 auf 84 Millionen angestiegen. Hauptsächlich war dies die Folge der Zuwanderung bzw. der von den etablierten Parteien verordneten Einwanderungspolitik. Aus dem deutlichen Bevölkerungswachstum abzuleiten, dass unser Land entvölkert werde, ist mehr als dummdreist. Offensichtlich bauen die Phrasendrescher wieder einmal auf die weitgehende Gedankenlosigkeit oder die Unwissenheit der Bundesbürger. Auch die aus der Deutschland-stirbt-aus-Lüge abgeleiteten Folgeprobleme (Vergreisung der Gesellschaft, nicht finanzierbare Sozialsysteme, hoher Fachkräftemangel usw.) gehen an der Realität vorbei.

> *Die ständige Wiederholung radikaler Ideologien (z. B. „Deutschland stirbt aus!“, „Deutschland ist ein Einwanderungsland!“, „Deutschland ist auf Zuwanderung angewiesen!“, „Wir haben einen akuten Fachkräftemangel!“) bewirkt letztlich eine Umerziehung der Bevölkerung.“*

„Uns geht es schlechter, weil es immer mehr Rentner gibt …“

Einspruch:

Da hat sich die Globalisierungslobby wieder einmal eine feine Ausrede zurechtgelegt. Denn die demografische Entwicklung, die „Vergreisung“ unserer Gesellschaft, ist augenscheinlich. Trotzdem ist dieses abgenutzte Argument wenig stichhaltig. Denn die Veränderung der Altersstruktur vollzieht sich bereits seit 150 Jahren. Und trotz dieser steten

Lebenszeitverlängerung gab es vor der Globalisierung (vor dem Zollabbau) einen atemberaubenden Wohlstandsanstieg – eben weil die Kräfte des technischen Fortschritts (der steigenden Produktivität) alles abfingen und <u>viel gewichtiger waren</u> als die steigenden Ausgaben für die Rentner.

Außerdem: Die hohe Zahl der Rentner in Deutschland (ca. 20 Millionen) erklärt sich zum Teil aus der Frühverrentung wegen fehlender Arbeitsplätze (als Folge der Globalisierung). Außerdem: Das Rentenniveau hat sich in den beiden letzten Jahrzehnten kontinuierlich verschlechtert (zum einen wegen sinkender Reallöhne, zum anderen auch wegen bewusster Rentenkürzungen zugunsten kinderreicher Großfamilien). Außerdem: Vor hundert Jahren hat ein Erwerbstätiger etwa vier Menschen miternährt (Kinder, Ehefrauen, Rentner, Kranke). Heute braucht ein Vollzeitbeschäftigter im Schnitt nicht einmal mehr zwei Menschen miternähren.

„Das Schüren von Vorurteilen spaltet unsere Gesellschaft und nährt ein maßloses (am Ende unbezahlbares) Anspruchsdenken. Seit Jahrzehnten wird in Deutschland massiv umgeschichtet (den Kinderlosen und Rentnern wird's genommen, den kinderreichen Familien wird's gegeben). Dieser Trend weckt falsche Begehrlichkeiten im fernen Ausland. Vom deutschen Sozialparadies träumen inzwischen fast alle.“

„Die Kosten der Wiedervereinigung haben die Lohnsenkungen herbeigeführt ...“

Richtigstellung:

Es ist natürlich einfach und bequem, den Abwärtstrend Deutschlands mit den Kosten der Deutschen Einheit zu rechtfertigen. Doch auch derlei Ausflüchte dienen der Verschleierung und nicht der Wahrheitsfindung. Unbestreitbar hat die Wiedervereinigung viel Geld verschlungen – aber sie wirkte auch als gigantisches Konjunkturprogramm. Das Wirtschaftswunder der BRD nach dem 2. Weltkrieg wird auch heute noch gerne erklärt mit der einmaligen Herausforderung nach der Stunde Null. Warum also soll der Aufbau Ost nur Nachteile gebracht und den Wohlstandsabstieg herbeigeführt haben?

Außerdem: Der Niedergang Westdeutschlands setzte bereits 10 Jahre vor der Wiedervereinigung ein, nämlich um das Jahr 1980 (parallel mit dem Abbau der Zollgrenzen). Und: Auch in den anderen westlichen Ländern (ohne Wiedervereinigung) gibt es diese Negativtrends. Selbst die Supermacht USA musste eingestehen, dass es ihrer neuen Generation schlechter geht als der vorigen – obwohl die USA nicht einmal wie Europa mit der Überalterung der Gesellschaft zu kämpfen haben.

„Die steigende Produktivität ist Schuld an der Massenarbeitslosigkeit ...!“

Gegenthese:

Höhere Produktivität bedeutet mehr Wohlstand. Der technische Fortschritt beschert uns einen Lebensstandard, der vor 200 Jahren noch schier undenkbar schien. Seit der Frühindustrialisierung gibt es aber auch „Maschinenstürmer“, die die Vernichtung ihrer traditionellen Arbeitsplätze beklagen.

Doch wie die Vergangenheit lehrt, hat die zunehmende Automatisierung wenig bis nichts mit der Massenarbeitslosigkeit zu schaffen. Denn im Gleichschritt mit der Produktivität wachsen auch neue Begierden und Ansprüche. Welcher Normalbürger hat vor 40 Jahren schon von Handys, Computern, Navigationsgeräten und riesigen Flachbildschirmen geträumt? Erst wenn die Wünsche der Bevölkerung flächendeckend gedeckt sind, könnte man von einer Marktsättigung sprechen (bis dahin ist es aber noch ein weiter Weg). In einem intakten, durch Zölle geschützten Binnenmarkt wäre aber auch das kein Problem: Man bräuchte dann nur im Einklang mit dem Produktivitätswachstum die allgemeine Arbeitszeit verkürzen.

„Europa verdankt der Kolonialisierung seinen Wohlstand ...“

Gegendarstellung:

Wie sollte es auch anders sein? Es gehört zum "politisch korrekten" Narrativ, dass unsere Konsumkultur und der hohe Lebensstandard nur das Ergebnis von Schmarotzertum und Ausbeutung sein kann. Kein Gedanke darf aufkommen, staatliche Strukturen, das Bildungssystem, Wissenschaft und Forschung, der Fleiß, die Leistungsbereitschaft und der Gemeinsinn (das nationale Bewusstsein) der eigenen Bevölkerung hätten Positives bewirkt.

Den meisten Europäern ging es im späten Mittelalter und zu Zeiten der Frühindustrialisierung schlechter als den Afrikanern. Denn als Leibeigene, Knechte auf dem Land, als Dienstmägde bei den Herrschaften oder als Fabrikarbeiter mussten sie in der Regel 70 bis 80 Stunden die Woche unter widrigsten Bedingungen schuften, ohne vom Lohn sich selbst und die Familie ausreichend ernähren zu können. Da war das Leben in Afrika zumeist doch sorgenfreier und angenehmer, selbst in den dortigen Kolonien. Es ist purer Rassismus, den Nachkommen der europäischen Hungerleider jegliche Eigenleistung am Fortschritt abzusprechen und sie als schnöde Nutznießer früherer Ausbeutung zu stigmatisieren. Aber diese Rufmordkampagne hat System. Sie passt in den Kontext ewiger Demütigungen und Schuldzuweisungen, die hohe Wiedergutmachungen und den angestrebten Vielvölkerstaat bzw. Völkerwanderungen legitimieren sollen.

Das Fatale: Wird unterentwickelten Nationen eine ewige Opferrolle zugestanden, begünstigt das deren Resignation, hemmt deren Tatendrang und Aufbauwillen. China hat in den letzten 40 Jahren ohne große Schuldzuweisungen und Wehklagen aus eigener Kraft seinen Wohlstand verzigfacht und ist zur Weltmacht Nr. 1 aufgestiegen. Das beweist einmal mehr, dass Erfolg sich nicht aus der Ausbeutung anderer Nationen speisen muss.

Geschichtsklitterung: Ideologisch aufgeladene Kreise lassen nichts unversucht, den Eindruck zu erwecken, das deutsche Kaiserreich hätte von seinen Kolonien profitiert. Doch diese Behauptung ist durch nichts belegt. Bei einer fairen Aufrechnung würde sich zeigen, dass die Gesamtkosten für den Aufbau und die Infrastruktur der Kolonien weit höher lagen als deren Erträge. Außerdem: Was hatte die in großer Armut lebende deutsche Zivilbevölkerung von den fernen Kolonien? Genußmittel wie Kaffee und Kakao konnten sie sich eh nicht leisten. Und zu melden hatte Otto Normalbürger schon gar nichts. Zudem wurde damals noch mehr als heute die Meinungsbildung über Politik & Medien gesteuert (Gehirnwäsche betrieben). Nicht die Bevölkerung verlangte nach Kolonien, sondern lediglich einige Machthaber und Geschäftemacher.

PS: Vergessen wird bei der rassistischen, antieuropäischen Grundeinstellung nicht, dass Europa es war, das die Menschheit in ein neues Zeitalter katapultiert hat. Was wären wir heute ohne europäische Grundlagenforschungen und Erfindungen, ohne Maschinen, Eisenbahnen, Computer, Fernseher, die moderne Medizin und Landwirtschaft? Der teuer und mühselig errungene technologische Fortschritt kommt heute allen zugute, davon profitieren längst auch die Entwicklungs- und Schwellenländer.

„Unser hoher Lebensstandard beruht noch immer auf der Ausbeutung unterentwickelter Staaten!"

Gegendarstellung:

Derlei Aussagen werden uns immer wieder um die Ohren gehauen. Sie sollen unser Selbstbewusstsein zermürben und uns gefügig machen für staatsfeindliche Ideologien (z. B. Umwandlung zum Vielvölkerstaat). Dabei sind solche Anklagen von Grund auf falsch. Und auch dumm. Und ungerecht.

Es ist schließlich so: Die Hungerlöhne in fernen Ländern fallen letztlich auf uns zurück. Seit über 40 Jahren sinken in Deutschland die Reallöhne. Warum wohl? Weil die Hochlohnländer im knallharten Wettbewerb mit den Billiglohnländern stehen. Produktionen, die hier zu teuer sind, werden ins Ausland verlagert. Das führt dazu, dass bereits ein Drittel der erwerbsfähigen Bevölkerung in Deutschland aus dem regulären Arbeitsprozess ausgemustert wurde und sich in der demütigenden offiziellen und verdeckten Erwerbslosigkeit befindet (bereits vor Corona). Aber davon einmal abgesehen: Was würde geschehen, wenn beispielsweise Smartphones oder Textilien wegen höherer Löhne/Rohstoffpreise teurer würden? Die Produkte würden länger genutzt, der Neukauf hinausgeschoben. Das Konsumverhalten würde sich also zum Positiven ändern, die Umwelt geschont. Schon vor über 20 Jahren habe ich öffentlich gefordert, nur noch solche Produkte zu importieren, die nachweislich zu fairen Lohn-, Umwelt- und Arbeitsschutzbedingungen hergestellt wurden. Mit dem Lieferkettengesetz wurde meine Idee inzwischen aufgegriffen. Aber wird diese bahnbrechende Reform von der Politik auch beherzt mit Leben erfüllt? Da gibt es doch erhebliche Zweifel.

Fest steht: Die große Mehrheit der Bundesbürger wünscht sich nichts sehnlicher als eine weltweit faire Entlohnung. Denn das würde nicht nur ihr Gewissen beruhigen, sie würden davon auch wohlstandsmäßig profitieren (weil das globale Unterbietungssystem auch die heimischen Arbeitsentgelte beeinflusst). Es zeugt von fachlicher Inkompetenz zu behaupten, unser heutiger hoher Lebensstandard resultiere aus der Ausbeutung unterentwickelter Länder. Die wahren Nutznießer des Dumpingsystems sind Konzerne, Spekulanten, Global Player, Superreiche usw. Die Normalbürger in den Hochlohnländern sind letztlich auch Opfer des Systems – sie pauschal des Schmarotzertums zu bezichtigen ist eine ungehörige (rassistische) Diskriminierung.

„Würden alle Waren in Deutschland produziert, wären wir viel ärmer!"

Ist das wirklich so?

Wie aber erklärt sich dann unsere seltsame Wohlstandsentwicklung? Von 1950 bis 1980, also als Deutschland die meisten seiner Konsumartikel noch vorwiegend selbst herstellte, stieg der Reallohn jährlich im Schnitt um fünf Prozent. Und danach, als die Produktion immer weiter ausgelagert wurde, als unser Land sein Heil in einer extremen Ex- und Importabhängigkeit suchte, war es mit der gewohnten Herrlichkeit vorbei. Die inflationsbereinigten Nettolöhne und Renten sanken – trotz genialer Fortschritte in der Wissenschaft und Produktivität.

Wie erklärt sich dieses paradoxe Phänomen? Es mag mehrere Gründe dafür geben (z. B. hohe Zuwanderung in die Sozialsysteme, Ausbau des Sozialstaates, die EU-Bürokratie, der Euro, die marktfeindliche Nullzinspolitik usw.). Aber der Verzicht auf eine weitgehend autonome Selbstversorgung, die Verlagerung der Fabriken in Billiglohnländer, war sicher ausschlaggebend. Denn dieses pervertierte Outsourcing ist auch verantwortlich für die Vervielfachung der Arbeitslosenzahlen (vor allem im verdeckten Bereich), dem verschwenderisch brach liegenden Humankapital.

Letztens kaufte ich mir neue Matratzen. Fünf Monate Lieferzeit! Der Verkäufer meinte, die Matratzen werden zwar in Deutschland hergestellt, das inseitig verbaute Netz kommt aber aus dem Ausland und da gebe es derzeit wegen Corona sehr lange Lieferzeiten. Er fügte hinzu: Bei den in Deutschland hergestellten Möbeln gibt es ein ähnliches Problem, da fehlt es an den Schrauben und Scharnieren, die heutzutage aus Asien kommen.

Fazit: Die vermeintlichen Schnäppchen aus dem Ausland kommen uns im Endeffekt teuer zu stehen. Würde Deutschland wie vor 50 Jahren das Meiste noch selbst herstellen, wären wir nicht ärmer, sondern viel, viel reicher, könnten uns allgemein höherwertigere, langlebigere Produkte leisten. Und der weltumspannende, umweltschädigende Warentourismus würde auch eingedämmt.

„Der aufkeimende Nationalismus war Schuld für die lange Krise der 1930er Jahre!"

Gegendarstellung:

Umgekehrt wird ein Schuh daraus! Die Verflechtung der globalen Finanz- und Warenströme schuf Spekulationsblasen und unkontrollierbare Märkte. Sie entmachtete die Regierungen. Erst nach dem Zusammenbruch des Liberalismus konnten die Industriestaaten durch Anhebung der Zölle ihre alte Handlungsfähigkeit allmählich zurückgewinnen und eine weitgehend unabhängige, gesunde Volkswirtschaft aufbauen. Die Abkoppelung von der Ex- und Importabhängigkeit war also die tragende Säule der allmählichen wirtschaftlichen Genese.

Hauptursache für die schwere und lange Dauer der Depression waren nicht die Zollanhebungen, sondern die drastische Sparpolitik mancher Regierungen. Hitler zeigte, wie man es besser machte. Wäre bereits in der Weimarer Republik eine ähnliche Wirtschaftspolitik verfolgt worden, wäre Hitler gar nicht erst an die Macht gekommen.

Auch die Behauptung, der Nationalismus sei Schuld am 2. Weltkrieg, ist irreführend. Es war der verkorkste Internationalismus, der der NSDAP (den nationalen Sozialisten) den Weg bereitete. Der Nationalismus war also Folge vorausgegangener Misswirtschaft und Unfähigkeit (und der Exportabhängigkeit).

Übrigens: Die Verflechtung der Märkte und der daraus resultierende Lohndumpingwettbewerb führten in den letzten 150 Jahren immer wieder zu schweren Weltwirtschaftskrisen, die in der Regel durch eine Renationalisierung überwunden wurden. Bei der 2009er-Krise blieb diese Rückbesinnung, diese notwendige Korrektur, leider aus. Mittels einer abenteuerlichen Nullzins-Billiggeldschwemme wurde die Lösung der aufgestauten Probleme in die Zukunft verschoben. Seitdem leben wir auf einem Pulverfass.

„Der Nationalismus gefährdet den Frieden!"

Gegendarstellung:

Auch diese Behauptung hat wenig Substanz. Sie ist im Grunde ein Ammenmärchen, um den ruinösen zollfreien Welthandel und die Globalisierung zu legitimieren. Einmal ganz sachlich: Wie viele Kriege in den letzten 2500 Jahren begründeten sich auf einen Nationalismus, also dem verantwortungsbewussten Zusammengehörigkeitsgefühl der Bürger? Es waren doch immer nur deren Machthaber, die meist aus Gier und einem übersteigerten Geltungsbedürfnis heraus ihre Machtbasis erweitern wollten. Das gemeine Volk, das Bürgertum, war stets nur Manövriermasse, also Kanonenfutter. Auf beiden Seiten.

Selbst Demokratien befinden sich daher allzuoft im Krieg. Man denke nur an die USA. Wollten die US-Bürger diese Kriege, waren sie die Initiatoren? Nein! Es waren deren Präsidenten, die letztlich die Entscheidungen trafen. Daraus zu schließen, Demokratien gefährden den Frieden, wäre abartig. Genauso abartig ist es aber auch, das gesunde Nationalbewusstsein (ohne das ein Staat auf Dauer nicht existieren kann), als Schuldigen auszumachen.

Wenn Teile der Bevölkerung den Kriegseintritt ihrer Regierungen mittrugen, war dies die Folge vorangegangener Einflussnahme (Dauerpropaganda, Umerziehung). Auch für den 2. Weltkrieg war nicht der Nationalismus, sondern vorrangig Hitler verantwortlich. Hitlers Anliegen war der nationale Sozialismus. Anstelle des Nationalismus könnte man also auch den Sozialismus stigmatisieren (das wäre genauso blöd). Ein Krieg führt fast immer in die Katastrophe bis hin zur Selbstzerstörung des Landes. Das aber ist das genaue Gegenteil dessen, was Nationalisten anstreben.

Wenn wir aus der Geschichte lernen und künftige Kriege verhindern wollen, sollten wir nicht so sehr den souveränen Nationalstaat mit Argwohn betrachten, sondern uns mehr auf den Internationalismus und Multikulturalismus konzentrieren. Denn diese Systeme stiften Unfrieden, schaffen fatale Abhängigkeitsverhältnisse, bleiben weitgehend undurchschaubar und unkontrollierbar und verursachen immer wieder schwere Weltwirtschaftskrisen. Das globale Lohn-, Konzernsteuer-, Ökologie-, Zoll- und Zinsdumping ist alles andere als friedensstiftend, es provoziert geradezu gefährliche Interessenkonflikte.

PS: Ich weiß sehr wohl, offiziell verweist das Wort „Nationalismus" auf ein übersteigertes Nationalbewusstsein. Aber in Deutschland ticken halt die Uhren anders, da hat sich die Wahrnehmung aufgrund der Dauerpropaganda im Laufe der Zeit kräftig verschoben. Hierzulande wird jemand bereits als Nationalist beschimpft, wenn er den gesunden und weitgehend souveränen Nationalstaat anmahnt und die trügerische Vision von der "Europäischen Union" nicht teilt – sich Deutschland also nicht als eine für die Gesamt-EU haftende Provinz mit eingeschränkter Handlungsfähigkeit wünscht.

„Der offene Vielvölkerstaat liefert keine befriedigenden Antworten auf die Herausforderungen unserer Zeit!"

„Das ist die Partei der Faschisten!"

Gegendarstellung:
Ein solcher Vorwurf kommt einem Todesurteil gleich. Was bringt gestandene Bundes-

tagsabgeordnete dazu, in solch unsachlicher Weise über ihre Kollegen herzufallen? Wer mit derartig hasserfüllten Botschaften Brunnen vergiftet und die Konkurrenz auszuschalten versucht, hat den Sinn einer Demokratie nicht verstanden. Der ist auf Krawall gebürstet, will in Wahrheit eine Gesinnungsdiktatur, in der Andersdenkende mundtot gemacht werden. Eine von Medien kontrollierte Demokratie, die eine so tiefgreifende Hetzpropaganda duldet, nicht einschreitet und die Provokateure zur Rechenschaft zieht oder zumindest zur Mäßigung mahnt, ist mir suspekt. Wie soll ich der noch vertrauen? Besonders arg scheint mir, wenn über das Staatsfernsehen die Faschismus-Unterstellungen immer wieder kritiklos ausgestrahlt werden. So, als habe man das Recht dazu. So, als müsse über eine Art Gehirnwäsche der Wähler gewarnt und umerzogen werden.

„Wir brauchen Investitionen in die Zukunft!"

Mein Kommentar:

Phrasen, Phrasen, nichts als hohle Phrasen. Natürlich brauchen wir Investitionen in die Zukunft. Aber was bedeutet das konkret? Noch mehr Subventionen? Quasi eine Planwirtschaft durch die Hintertür? In einem intakten, zollgeschützten Binnenmarkt (mit gleichen Löhnen und Steuern) braucht es keine staatlichen Fördergelder und Aufbauhilfen. Da investieren die Unternehmer von sich aus in die Zukunft. Weil ihre Firmen nur so überleben können. Und die ausländische Dumpingkonkurrenz die Pläne nicht durchkreuzen kann.

> *„Wie viele Wahrheiten gibt es? Und wie sehr darf man Wahrheiten verbiegen. Manche Demagogen meinen offenbar, sie hätten eine Art Narrenfreiheit, weil sie die Mächtigen hinter sich wissen."*

Kapitel II

Beispiele beliebter Irreführungen bezüglich wirtschaftlicher Zusammenhänge ...

Diese Verschleierungen erfüllen eine besonders wichtige Aufgabe. Denn sie sorgen dafür, dass die Bevölkerung nicht aufbegehrt und eine Änderung der Kurses verlangt. Sie sichern den Fortbestand des für manche so überaus lukrativen globalen Kasinokapitalismus.

„Ohne Wachstum geht es nicht!"

Gegendarstellung:

Wieder einmal so eine typische Verdummungsparole. Dabei wäre es doch ein absolutes Armutszeugnis, wenn an dieser Behauptung etwas dran wäre. Eine Volkswirtschaft muss sich generell den jeweiligen Gegebenheiten anpassen können. Sollte zum Beispiel die Weltbevölkerung im Laufe der Zeit um zwei Drittel wieder auf das Niveau von 1950 absinken, müsste dies auch entsprechende Auswirkungen auf die Wirtschaft haben.

Jedes Unternehmen muss flexibel sein, um sich den veränderten Marktbedingungen anpassen zu können. Es muss Produktionen einstellen oder herunterfahren können, wenn sich die Konsumgewohnheiten ändern oder sich neue Technologien durchsetzen. Was ein Unternehmen zu leisten vermag, muss eine Volkswirtschaft auch bewerkstelligen können. Wie armselig wäre unsere Welt, wenn sie dem ewigen Wachstumswahn ausgeliefert wäre? Und am Ende wäre der Untergang vorprogrammiert, denn ein grenzenloses "Weiter-so" gibt es nicht. Allein schon wegen der Endlichkeit der Ressourcen, Wald-, Agrar- und Naturflächen kann es eine endlose Expansion nicht geben.

„Nur der Export generiert Wachstum!"

Richtigstellung:

Es ist schier unbegreiflich, in welchem Umfang und mit welcher Phantasie immer wieder neue Argumente erfunden werden, um den Aberglauben an den Nutzen der Globalisierung (dem Zollabbau) zu nähren. Auch in Talkshows wird mittlerweile immer öfter die Behauptung aufgestellt, allein der Export ermögliche ein Wirtschaftswachstum. Das Erschreckende: Keiner der Gäste wagt derlei unlogischen Leitsätzen zu widersprechen, so dass sich dieser verhängnisvolle Unsinn wie ein Virus immer weiter ausbreiten kann. Doch betrachten wir die Sache einmal ganz unvoreingenommen: Deutschland hat in den letzten vier Jahrzehnten ganz auf den Export gesetzt. Das Wirtschaftswachstum fiel dennoch mehr als bescheiden aus und die eigentlich wirkliche relevante Messlatte, nämlich die Entwicklung der inflationsbereinigten Nettolöhne und Renten, bestätigt gar einen negativen Trend. Deutschland befindet sich seit Langem in einem Teufelskreis, in einer gefährlichen Exportabhängigkeit.

Im globalen Dumpingwettbewerb entsteht echtes Wachstum nur in den Billiglohnländern – die alten Industriestaaten können sich nur retten, indem sie ihre Einkommenserwartungen trotz steigender Produktivität immer weiter herunterschrauben.

Auch aus einer anderen Perspektive heraus erweist sich die Parole „Wachstum geht nur über den Export" als dummes Gerede. Man stelle sich einmal bildlich vor, Deutschland wäre die einzig bewohnbare Oase auf der Erde, rundherum gäbe es nur Wasser und Wüsten. Ein Export wäre also nicht möglich, weil es keine anderen Länder gibt. Glaubt jemand wirklich, dass in einer solchen Konstellation ein Wirtschaftswachstum ausgeschlossen wäre, es keinen technischen Fortschritt und steigenden Wohlstand geben könnte? Würden in diesem einzig bewohnbaren Land die Menschen ewig auf Steinzeitniveau leben müssen? Sicher nicht!

Die aktuelle Situation weltweit und vor allem in den Krisenländern lehrt uns gerade, wie schnell Exportmärkte zusammenbrechen können (durch Krisen oder Verlust der Konkurrenzfähigkeit), während die Importabhängigkeit oftmals bestehen bleibt. Der Export-Wachstumsglaube hat bereits so manches Land in den Ruin getrieben und noch immer werden keine Lehren daraus gezogen.

„Aber es sagen doch alle, dass wir der EU und der Globalisierung unseren Wohlstand verdanken ..."

Gegendarstellung:
Das ist ja gerade das Problem. Die Mächtigen haben mitsamt der ihnen gewogenen Parteien und Medien die Deutungshoheit übernommen. Fast alle plappern nach, was die elitären Vordenker zum Besten geben. Die willigen Helfer und Unterstützer der zollächtenden Freihandelsideologie sind Gefangene eines instinktiven Herdentriebes. Wer den Mainstream bedient und brav nachplappert, was die Wortführer verkünden, kann nicht dumm auffallen und nichts falsch machen. Aus einer solch bequemen bzw. unterwürfigen Anbetung oder Gleichschaltung bildet sich leider selten etwas weiter, sie ist kein Zeichen für eine prosperierende Schwarmintelligenz. Auch Konzilien können irren

und voreingenommene, fürstlich entlohnte Expertengremien erst recht. Die Unredlichkeit vieler Freihandelsapostel erkennt man schon daran, dass sie um jeden Preis die offene Debatte zu verhindern suchen. Ehrliche, auf das Gemeinwohl bedachte Fürstreiter dagegen würden einer belebenden Streitkultur nicht ausweichen.

„Zölle machen doch alles teurer!"

Widerspruch:

Das ist totaler Quatsch. Denn irgendwie muss der Staat sich finanzieren – und da sind Zölle allemal besser und sozialer als lohnkostentreibende Steuern und Sozialabgaben. Die Einnahmen aus angemessenen Zöllen (die für mehr Gerechtigkeit im globalen Wettbewerb sorgen und dem Lohn- und Steuerdumping entgegenwirken) würden es ermöglichen, Sozialversicherungsbeiträge überflüssig zu machen. Kein Selbständiger, kein Arbeitnehmer, kein Rentner müsste dann noch Krankenkassen- oder Rentenbeiträge zahlen. Was wäre so schlecht daran?

„Es wird keine Renaissance der Fabriken in den Hochlohnländern geben!"

Gegendarstellung:

"Weil ja angeblich eh längst alles automatisiert ist". Aber wieso zieht es dann die Hersteller immer noch in die Billiglohnländer? Eben weil auch in den modernsten Fabriken genug Arbeit anfällt. Die Wartung und Befüllung der Maschinen, die Überwachung der Produktionsabläufe, die Anbindung der Logistik – all das verlangt Fachkräfte. Die Automatisierung führt lediglich zu einer produktivitätssteigernden Verschiebung des Arbeitsaufkommens. Ein Teil des einstigen Zeitaufwandes wird vorverlagert in die Entwicklung und den Bau von automatisierten Produktionsanlagen, während sich die Arbeit am Fließband reduziert. Eine Maschinenbauindustrie kann sich aber auf Dauer nur dort halten, wo auch die Kosumgüterproduktion stattfindet.

Das Siechtum der industriellen Basis in den alten Industrienationen hat fatale Auswirkungen auf die allgemeine Lohnentwicklung eines Staates. Nicht nur die meisten deutschen Arbeitnehmer, auch zwei Drittel der US-Amerikaner verdienen heute weniger als 1979. Daraus schließen nun manche Ökonomen scheinheilig, die Gewerkschaften seien zu schwach, die Umverteilung stimmt nicht mehr. Aber wie sollen Gewerkschaften bessere Löhne aushandeln, wenn alle Arbeitnehmer heute einem weltweiten Unterbietungswettbewerb ausgesetzt sind (wegen fehlender Zölle)? Da beißt sich doch die Katze in den Schwanz.

Zu meinen, man könne in den Hochlohnländern einfach auf die Industriearbeitsplätze verzichten und den Dienstleistungssektor immer weiter ausbauen, ist ein Trugschluss. Das beobachten wir doch nun schon seit über 40 Jahren. Eine Volkswirtschaft, die viel importiert, muss auch Gegenleistungen erbringen. Und damit gerät ein solcher Staat in eine bedrohliche Abhängigkeitsfalle, die üblicherweise in einer unseriösen Billiggeld-schwemme und einem schleichenden Niedergang mündet. Sich mit dem Niedergang der eigenen Industrie abzufinden ist meines Erachtens das Dümmste, was eine Regierung machen kann.

„Wir schaffen neue Arbeitsplätze ...“

Gegendarstellung:

Die Schaffung von Arbeitsplätzen genießt in unserer Gesellschaft oberste Priorität. Je mehr Beschäftigte ein Unternehmen vorweisen kann, desto größer ist das Ansehen und desto besser sind auch die Chancen auf staatliche Förderung. Die Hofierung der arbeits-platzschaffenden Betriebe nimmt immer seltsamere Formen an, ohne dass unterschieden wird nach der Qualität und dem volkswirtschaftlichen Nutzen der Arbeitsplätze.

Ist es überhaupt legitim, innerhalb des deutschen Verdrängungswettbewerbes von der Schaffung von Arbeitsplätzen zu reden? Hat eine Handelskette, die Hunderte von Ein-zelhändlern zur Aufgabe gezwungen hat, tatsächlich Arbeitsplätze generiert? Zwar zählt der Handelsgigant vielleicht einige tausend Beschäftigte, trotzdem <u>wurden per Saldo lediglich Arbeitsplätze eingespart.</u> Die Versorgung der Bevölkerung würde so oder so funktionieren, wenn die Firma X es nicht macht, dann eben die Firma Y. Volkswirt-schaftlich gesehen ist es völlig unerheblich und deshalb auch nicht förderungswürdig. Von der Schaffung von Arbeitsplätzen kann eigentlich nur dann die Rede sein, wenn nicht inländische, sondern ausländische Konkurrenten verdrängt werden (z. B. in der Auto-, Computer- oder Textilindustrie).

Aber selbst diese Rechnung ist nicht ganz so einfach, wie zunächst vermutet. Hätten wir beispielsweise keine Autoindustrie, würde der Export sinken, der Import steigen. Dadurch ergäbe sich eine schlechtere Handelsbilanz und die wiederum würde zur Ab-wertung der Währung führen (wodurch die gesamte Volkswirtschaft konkurrenzfähiger würde). Allerdings kann dieser natürliche Marktmechanismus mit Einführung des Euro nur noch bedingt funktionieren. Abschließend bleibt festzustellen, dass selbst die reale Schaffung von Arbeitsplätzen der im globalen Wettbewerb befindlichen Industrie nur deshalb erwähnenswert ist, weil Politiker die normalen Marktgesetze weitgehend ausgehebelt haben. In einem gesunden und nicht von unfairen Dumpingattacken gestörten Wirtschaftsraum wäre die Nutzung der vorhandenen Arbeitskräfte eine Selbstverständlichkeit, eine Vollbeschäftigung würde sich zwangsläufig ergeben (wie es die BRD in ihren ersten drei Jahrzehnten ihres Bestehens auch vorgeführt hat).

Im Übrigen muss man sich schon wundern, wie widersprüchlich argumentiert wird. Seit sechs Jahrzehnten beklagen Unternehmen in Deutschland den Fachkräftemangel und andererseits lassen sie sich feiern und mit Subventionen beglücken, wenn sie unterbezahlte Jobs geschaffen haben (und nicht einmal ordnungsgemäße Tariflöhne zahlen bzw. sich den für sie günstigsten Branchentarif nach Gutsherrenart aussuchen).

„Wir haben keine Subventionen bekommen ...“

Kommentar:

Deutsche Konzerne, die selbst in Corona-Zeiten sensationelle Gewinne einfahren und hohe Dividenden ausschütten, schämen sich nicht, weite Teile der Belegschaften in die staatlich subventionierte Kurzarbeit zu schicken. Selbst wenn es zu gar keinen pandemiebedingten Betriebsschließungen kommt, sondern die Bänder wegen fehlender Zulieferungen aus Fernost stillstehen. Es wird immer wieder argumentiert, das Kurzarbeitergeld sei keine Subvention, sondern eine Versicherungsleistung (abgedeckt über die Arbeitslosenversicherung). Ich halte es daher für dringend geboten, das Kurzarbeitergeld nicht mehr als Versicherungsleistung, sondern als staatliche Subvention zu deklarieren. Die eben bei hohen Gewinnen und Dividenden nicht mehr gezahlt wird. Anders kann man den Absahnern nicht beikommen. Warum soll am Ende der Steuerzahler für ein gescheitertes Just-in-Time- und Outsourcing-System aufkommen. Die Risikoabwälzung auf den Staat ist eine häufig zu beobachtende Unsitte.

„Ohne ausländische Fachkräfte geht es nicht!“

Gegendarstellung:

Noch immer (seit nunmehr über 30 Jahren) haben wir zwei bis drei Millionen offizielle Erwerbslose in Lohn und Brot zu bringen. Etwa weitere zehn Millionen Schicksale schlummern in der "verdeckten Arbeitslosigkeit" (Erwerbslose ohne Hartz-IV-Anspruch, ABMler, Praktikanten, in Zweit- und Drittausbildungen Abgeschobene, in schulischen Warteschleifen Ausharrende usw. usw.). Also sollte man doch zunächst einmal dieses gigantische, brach liegende Potential nutzen, bevor man Menschen aus dem Ausland anwirbt.

Außerdem gilt: Bei sinkender Einwohnerzahl (wenn also auf die weitere Zuwanderung verzichtet würde) verringert sich selbstverständlich auch der Arbeitskräftebedarf. Ein Land mit 70 Millionen Einwohnern braucht nun einmal weniger Erwerbstätige als ein Land mit 80 Millionen Einwohnern. Ist doch eigentlich logisch! In einer sich stetig wandelnden Gesellschaft lässt sich aber sowieso der Bedarf nicht seriös über Jahrzehnte im Voraus berechnen.

„Aber die meisten Arbeitslosen sind doch nicht zu gebrauchen!"

Ein Drittel der arbeitsfähigen Erwachsenen in Deutschland soll nicht den Anforderungen genügen? Wie arrogant und abgehoben ist das denn? Den größten Fachkräftemangel soll es im Hotelgewerbe, der Gastronomie und der Altenpflege geben. Also alles Bereiche, die den Beschäftigen keinen Hochschulabschluss abverlangen.

Neue Zuwanderer sind selten besser qualifiziert als deutsche Erwerbslose, sprechen aber meistens kein bisschen Deutsch (ein erhebliches Manko). Folglich geht es vorrangig um Lohndumping. Es geht darum, geltende Tarife zu unterlaufen und notwendige Tarifanpassungen zu vermeiden.

„Der innerstädtische Einzelhandel hat keine Zukunft!"

Gegendarstellung:
Oft wird behauptet, der inhabergeführte innerstädtische Einzelhandel und auch große Warenhäuser wie Karstadt seien nicht mehr zeitgemäß. Ich sehe das anders! Es sind einfach politische Entscheidungen und Versäumnisse gewesen, die die traurige Entwicklung herbeigeführt haben. Die Veränderung des Kaufverhaltens ist die Folge eines sich stetig verstärkenden Unterbietungswettbewerbs, den wir seit Aufhebung der Preisbindung Anfang der 1970er erleben. Weil Politiker es versäumt haben, über klare Regeln die sich ausbreitende Ungerechtigkeit einzudämmen! So ist es zum Beispiel ein Frevel, auf eine allgemeine Tariflohnpflicht im Handel zu verzichten. Ein noch größeres Übel sind Machenschaften, die sich vor allem im Onlinehandel zunehmend ausbreiten. Deren Einkäufer kaufen oft weltweit ein, immer dort, wo es gerade am günstigsten ist. Bei dieser erbarmungslosen Preisdrückerei ergattern sie aber oftmals statt regulärer Originalware nur gut gemachte Produktplagiate oder aussortierte II.-Wahl-Artikel. Im Vergleich zum

seriösen Händler, der seine Ware nur aus offiziellen Quellen bezieht, sind sie daher im Preisvorteil. Dieser ermöglicht ihnen wiederum, ihren Kunden eine portofreie Lieferung anzubieten, wobei der Kunde den versandtechnischen Aufwand gar nicht mehr spürt. Auch hier müsste der Gesetzgeber eingreifen und die Berechnung der Versandspesen zwingend vorschreiben. Inzwischen kommen auch viele Internetlieferungen direkt aus dem Ausland. Allein aus China sollen täglich 250.000 Pakete in Deutschland anlanden. Ein großer Teil davon braucht nicht einmal verzollt werden und sogar die 19prozentige Mehrwertsteuer fällt dann nicht an. Wie soll ein lokaler Einzelhändler gegen diese absurde Preisverzerrung anstinken? Da ist es doch kein Wunder, wenn viele Verbraucher sich im Ladengeschäft umschauen und beraten lassen um dann anschließend im Internet zu bestellen.

Worauf ich hinaus will: Es sind allein fehlende Gesetze, der wir die Verödung der Innenstädte zu verdanken haben. Es gibt kaum Politiker, die aus der Wirtschaft kommen und die Missstände selbst miterlebt haben. Außerdem ist es ein Irrglauben zu meinen, der Verbraucher profitiere vom globalen Preisdumping. Weil eben nicht nur die Produktpreise, sondern auch die Löhne dem brutalen Unterbietungssystem zum Opfer fallen.

„Die Billiggeldschwemme ist nicht verantwortlich für das Überleben von Zombie-Unternehmen ...“

Gegendarstellung:

Bisher galt: Die seit 2009 künstlich entfachte Billiggeldschwemme und Nullzinspolitik wirke auf die Marktwirtschaft wie ein Krebsgeschwür, auch weil sie todkranken (unrentablen) Firmen ein Überleben ermögliche. Somit unterbleibe der notwendige marktwirtschaftliche Regenerierungsprozess. Neuerdings wird diese Erkenntnis angezweifelt. Manche Ökonomen behaupten nunmehr, dank billiger Kredite könnten marode Unternehmen gesunden, die Nullzinspolitik sei also unterm Strich sogar nützlich ("Der Spiegel", Heft 3/2021 Seite 75). Stimmt das oder soll wieder einmal die ultralockere Geldpolitik schöngeredet werden?

Ich denke, Letzteres ist der Fall. Denn in Wirklichkeit sind die Überlebenshilfen für Zombies nichts anderes als verkappter Protektionismus. Kranke inländische Unternehmen sollen gerettet werden im Kampf gegen die ausländische Konkurrenz. Denn im gnadenlosen globalen Überlebenskampf zählen zunehmend Kreditkosten, Kriegskasse und finanzielles Durchhaltevermögen. Mit ausreichend Billigkrediten lässt sich heute nahezu jede marode Firma retten, das hat mit marktwirtschaftlichen Aspekten kaum noch etwas gemein. Mit genug Investorenkapital und der Inkaufnahme von jahrzehntelangen Verlusten lassen sich sogar quasi aus dem Nichts neue Konzerne aufbauen, die ihre alten Wettbewerber solange unterbieten, bis denen die Luft ausgeht. Auf diese Art lassen sich mit der Zeit sogar alles dominierende Monopole aufbauen.

Aber wie nützlich ist dieses staatlich geförderte Geld-Monopoly für die Volkswirtschaft? Werden dadurch Wachstum und Wohlstand generiert und gut bezahlte Arbeitsplätze geschaffen? Nein, es erfolgt nur eine sinnlose Umschichtung, eine ungeheure Vernichtung von Kapital. Konzerne wie zum Beispiel Neckermann oder Quelle verschwanden nicht, weil sie schlechter aufgestellt waren, sondern weil sie keine Investoren fanden, die einen zehnjährigen Dumpingwettbewerb finanziert hätten. Es geht also nur noch darum, wer den längeren Atem hat und wer was finanziert. Und da haben "Start-ups" die besseren Karten, weil sie die Phantasie beflügeln (sie wirken im globalen Spielkasino attraktiver, ihre Gewinnchancen sind höher). Ohne künstlich generiertes Billiggeld der Zentralbanken wären all diese absonderlichen Geschäftsmodelle nicht tragfähig, weil viel zu teuer und riskant.

„Die Eigenversorgung muss in Deutschland wieder zum obersten Ziel werden!"

Kommentar:

Ja, genau, Aber man darf dies nicht kurzsichtig auf die gerade aktuellen Engpässe bei den Impfstoffen, Atemmasken usw. beschränken. Auch in den meisten anderen Bereichen wäre eine Rückbesinnung zur Eigenversorgung durchaus sinnvoll. Man erinnere sich doch bitte an die guten Zeiten des deutschen Wirtschaftswunders, als ausländische Billigimporte und überlange Lieferketten über Zölle noch weitgehend ausgebremst wurden und Deutschland jährliche Reallohnzuwächse von durchschnittlich fünf Prozent erwirtschaften konnte. Seit 1980 geht es dagegen nur noch bergab. Übrigens konnte selbst die kleine DDR unter den erschwerten Bedingungen der Planwirtschaft bis 1989 ihren Konsumbedarf weitgehend eigenständig decken.

Das Gebot der Eigenversorgung betrifft auch den Arbeitsmarkt. Auch hier hat sich erwiesen, dass der Zuwanderungsstrom letztlich kontraproduktiv ist und der vermeintliche Fachkräftemangel künstlich herbeigeführt wurde (quasi nur dem Lohndumping dient). Der Verzicht auf angemessene Zölle verwandelt die Welt in ein Tollhaus, in ein unfaires, unkontrollierbares Finanzkasino (das nur noch über eine hochriskante Billiggeldschwemme getragen wird). Aus dieser menschenverachtenden Ausbeutungsfalle gibt es nur ein

Entkommen: Eine schrittweise Anhebung der Importzölle, vernünftige Grenzkontrollen und eine Renaissance der Eigenversorgung.

„Migranten sind systemrelevant!"

Mein Kommentar:

Wieder so ein typisches Ablenkungsmanöver. Es ist doch absoluter Blödsinn zu behaupten, ein Land könne ohne hohe Zuwanderung nicht zurechtkommen. 30 % der im Lebensmittelsektor, in der Landwirtschaft und im Reinigungsgewerbe arbeitenden Personen sollen ausländische Staatsbürger sein. Ja und? Was besagt das? Nichts! Die Arbeiten, die die "systemrelevanten" Migranten verrichten, könnten bei angemessener Bezahlung auch von Deutschen erledigt werden. Denn gäbe es weit weniger Erwerbslose, in den vorzeitigen Ruhestand Abgeschobene, unfreiwillige Minijobber usw. Wer behauptet, ein Land sei auf Zuwanderer angewiesen, unterschlägt den Tatbestand, dass Migranten keine Maschinen bzw. Selbstversorger sind. Was sie auf der einen Seite leisten, wird auf anderen Ebenen mehr als aufgezehrt. Und die so träumerisch verherrlichte babylonische Sprachenvielfalt bringt die effektive Arbeitsbilanz zusätzlich in ein krasses Missverhältnis. Überall (in den Schulen, Krankenhäusern, Amtsstuben usw. werden zum Beispiel dutzendfach Dolmetscher und Betreuer benötigt). Gerade höre ich, dass Polizeiwagen durch die Städte fahren und die Corona-Warnhinweise in verschiedenen Sprachen ausrufen (was den Aufwand vervielfacht). Und dennoch haben mehr als die Hälfte der Corona-Intensivpatienten in den Krankenhäuser einen Migrationshintergrund (weil sie angeblich unzureichend informiert wurden). Was immer wieder auffällt: Absoluten Bullshit zu verbreiten ("Migranten sind systemrelevant!") ist legitim, wird kolportiert, mit wohlwollender Aufmerksamkeit registriert. Wer sich diesem Verdummungsritual jedoch entzieht oder es gar wagt zu widersprechen, wird mit offener Verachtung gestraft.

Die Perversion des ewigen Wirtschaftswachstums!

Wachstum ist nicht alles! Wenn ein Staat sich (durch den Abbau der Zölle) dem globalen Dumpingwettbewerb und dem undurchschaubaren Spiel der internationalen Finanzmärkte preisgibt (Kasinokapitalismus), unterwirft er sich damit unweigerlich auch dem Wachstumswahn. Denn im grausamen weltweiten Vernichtungswettbewerb kann angeblich nur bestehen, wer ständig aufs Wirtschaftswachstum setzt. Also ganz gleich, was

die Vernunft gebietet oder Umweltschutz und Rohstoffressourcen überhaupt hergeben –
die Produktion muss gesteigert werden.

Nicht nur in Deutschland kommt es dabei zu paradoxen Entwicklungen. Obwohl die
Reallöhne und damit auch die allgemeine Kaufkraft seit 40 Jahren sinken, verbrauchen
Wirtschaft und Gesellschaft immer mehr Energie, Rohstoffe und Grünflächen. Warum
benötigen wir immer neue Industriegebiete für einen rückläufigen Konsum? Warum
Jahr für Jahr noch höhere umweltschädliche Warentransportaufkommen, wenn beim
Verbraucher letztlich weniger ankommt? Alle 25 bis 30 Jahre verdoppelt sich in etwa die
wirtschaftliche Produktivität. Warum spüren die Bundesbürger nichts davon?

Sinnloses Wirtschaftswachstum?
In einem intakten Binnenmarkt führt die Marktwirtschaft zum steten Interessenaus-
gleich – die gesamte Gesellschaft profitiert von der fortschreitenden Produktivität. Um
den Konsum nicht ins Uferlose wachsen zu lassen (kein Mensch braucht wirklich zwei
Autos oder jedes Jahr zehn Paar neue Schuhe), könnte in einem intakten Binnenmarkt
die steigende Produktivität über eine Verkürzung der Regelarbeitszeit ausgeglichen werden. Freizeit statt Konsum! Vor 30 Jahren war man bereits auf dem richtigen Wege, als
man begann, die Wochenarbeitszeit auf 35 Stunden zu reduzieren. Der Versuch war
jedoch zum Scheitern verurteilt, weil nun einmal in einem globalen Dumpingwettbewerb
(also bei fehlenden Zöllen) Arbeitszeitverkürzungen eine merkliche Standortbenach-
teiligung bedeuten. Ein Staat, der auf angemessene Zölle verzichtet, kann nicht mehr das
tun, was logisch und sinnvoll wäre. Er ist dazu verdonnert, seine Produktionskosten der
internationalen Konkurrenz anzugleichen. Und diese Zwänge führen zur allseits bekannten
und bejammerten Abwärtsspirale. Die systembedingte Ausschaltung der Marktwirtschaft
durch die Globalisierung fordert ihren Tribut! Die Errungenschaften des technischen
Fortschritts, die ausschlaggebend für die stetig steigende Produktivität sind, werden im
großen Stil vergeudet!

Durch die Ausschaltung der Marktwirtschaft landet immer mehr Produktivität im
sinnlosen Nirwana, also zum Beispiel im stetig wachsenden Transportaufkommen, teuren Werbemaßnahmen und dem weiten Feld der Stillegung (Massenarbeitslosigkeit,
Praktika, Frührenten, Doppelt- und Dreifachausbildungen usw.). Das mehr an Produktivität lässt sich sehr schnell wieder verplempern. Wir merken das meistens nicht, weil
wir zu wenig darüber nachdenken, die Wandlungen sich allmählich vollziehen, man sich
an die Veränderungen gewöhnt und es uns meistens (noch) relativ gut geht.

Kapitel III

Beispiele beliebter Irreführungen bezüglich der Globalisierung (der Ex- und Importabhängigkeit)

Falsche Daten (Bilanzkosmetik), Vorurteile und Irrlehren führen zu falschen Schlussfolgerungen und in der Summe zu fatalen Fehlentscheidungen. Eine Wende zum Besseren kann es nur geben, wenn Schönfärberei, Vorurteile und Irrlehren erkannt und anerkannt werden!

„Die Globalisierung findet statt und lässt sich nicht abschalten!"

Gegendarstellung:

Wie schräg ist dass denn? Natürlich lässt sich die Globalisierung abschalten! Jeder souveräne Staat wäre dazu in der Lage – im Alleingang! Es bedarf nicht einmal komplexer internationaler Abkommen (die sich in der Regel eh nie richtig durchsetzen lassen). Es muss lediglich ein einziger Hebel umgelegt werden: Durch eine schrittweise Anhebung der Zölle befreit sich der Staat aus seiner Exportabhängigkeit. Fortan muss er nicht mehr nach der Pfeife der Konzerne und des Großkapitals tanzen. Zölle würden die abnormen Standortunterschiede ausgleichen und damit das globale Lohn- und Steuerdumping eindämmen. Selbst bereits ausgestorbene Branchen und Industrien bekämen wieder eine Chance, die benötigten Verbrauchsgüter im Inland zu produzieren. Deutschland wäre durchaus in der Lage, seine TV-Geräte, Handys, Computer, Textilien usw. eigenständig herzustellen.

Die Globalisierung ist von Natur aus höchst kontraproduktiv – sie ist ein absoluter Wohlstandskiller. Sie wäre längst Geschichte, würde es nicht noch immer die gigantischen Lohngefälle geben (das System der Erpressung und Ausbeutung noch immer funktionieren). Zölle würden dem inhumanen Treiben schnell ein Ende bereiten.

„Aber die Globalisierung erschließt doch ganz neue Absatzmärkte ..."

Klarstellung:

"Deutsche Unternehmen exportieren in alle Welt und erhöhen somit ihren Absatz – ein

solcher Verkaufserfolg muss sich für unser Land doch irgendwie auszahlen!" Wer gut-
gläubig auf derlei Propagandaphrasen hereinfällt, verkennt die Kehrseite der Medaille.
Zwar profitieren einige exportorientierte Premiummarken von den offenen Zollgrenzen,
doch die vielen Verlierer dieses globalen Wettbewerbs werden unter den Tisch gekehrt.
Denn im Gegenzug zum Export haben regelrechte Importlawinen fast alle bedeutenden
Industriebereiche in Deutschland niedergewalzt. Was uns täglich voller Stolz als Export-
erfolg unter die Nase gerieben wird, zeigt nur den kläglichen Rest einer einst allumfas-
senden Produktionspalette.

Deutschland kann heute die meisten alltäglichen Konsumartikel nicht mehr selbst
herstellen. Ob Schuhe, Textilien, Handys, Computer, Kameras, Haushaltsgeräte oder
TV-Geräte – fast alles kommt heute aus irgendeinem Billiglohnland. Dadurch fehlen
etwa zehn Millionen Vollzeit-Arbeitsplätze. Unsere drei verbliebenen Paradedisziplinen
(Automobil- und Maschinenbau und Chemie) mit denen uns immer wieder der Kopf
verdreht werden soll, können dieses gigantische Loch bei weitem nicht stopfen.

Fazit: Nur ein kleiner Teil der deutschen Unternehmen haben von "den neuen Ab-
satzmärkten" profitiert. Meistens lief es umgekehrt: Ausländische Billiganbieter entdeckten
Deutschland als lukrativen Absatzmarkt und trieben unsere heimischen Anbieter in den
Konkurs.

„Dank der Globalisierung können wir
viel günstiger einkaufen ..."

Richtigstellung:
Oberflächlich gesehen leuchtet es durchaus ein. Computer, TV-Geräte und andere Importwaren sind oft sagenhaft günstig, die Verbraucher der westlichen Welt können sich
somit scheinbar mehr leisten. Doch der Augenschein trügt. Denn die Veränderung der
Preise machen nur unter der Berücksichtigung der Lohnentwicklung wirklich Sinn.

Es ist also völlig irrelevant, wie sich die Preise für einzelne Produkte wie etwa Farb-
fernseher entwickelt haben – ausschlaggebend ist allein die Veränderung der Kaufkraft
insgesamt. Und die hat sich seit 1980 wegen der Absenkung der Reallöhne (und Renten)
eben deutlich verschlechtert. Trotz stetig steigender Produktivität und vermeintlich niedriger Preise kann sich der Erwerbstätige (ganz gleich ob Lehrer, Ingenieur, Verkäufer oder
Handwerker) von seinem Gehalt heute weniger leisten als vor 40 Jahren. Der günstige
Einkauf erweist sich einmal mehr als Trugbild.

Auch die Behauptung "die Globalisierung macht die Produkte billiger" ist an Unverfrorenheit und Dummheit kaum noch zu toppen! Wer dieses unlautere Argument noch

ergänzt mit dem Zusatz "dort produzieren, wo die Herstellung am günstigsten ist" macht sich auch noch zum Zyniker. Denn natürlich ist die Herstellung dort am günstigsten, wo die Löhne am niedrigsten sind. In Bangladesch verdienen die Näherinnen zum Beispiel 10 bis 20 Cent die Stunde, selbst wenn sie sündhaft teure deutsche Markenklamotten herstellen (Gestehungskosten und Ladenpreise driften oft weit auseinander).

Es sei an dieser Stelle darauf hingewiesen, dass Fernseher, Computer, Kameras usw. auch bei einer Produktion „Made in Germany" immer preiswerter geworden wären. Wegen fortschreitender Technologien und automatisierten Fabrikanlagen.

„Das globale Unterbietungssystem bewirkt, dass eben nicht nur Produkte im Wettbewerb stehen, sondern auch die Arbeitskosten und Steuern. Und dabei zieht der Erwerbstätige den Kürzeren. Gewinner sind Shareholder, Spekulanten, Wirtschaftskriminelle, Gobal Player usw. "

„Aber die Entwicklungs- und Schwellenländer profitieren doch von der Globalisierung ..."

Klarstellung:

Wenn man an einstige Schwellenländer denkt (vor allem an China), möchte man der obigen These sofort zustimmen. Doch ganz so einfach ist es dann doch nicht. Denn für den chinesischen Erfolg war vor allem die Hinwendung zum Kapitalismus und die Öffnung zum Westen verantwortlich. Auch in anderen Wirtschaftswunderländern spielten gravierende Veränderungen die Hauptrolle (allgemeiner technologischer Fortschritt, Bekämpfung der Korruption, verbesserte Bildungssysteme, Anstieg der Rohstoffpreise usw.).

Es ist sehr schwierig zu bewerten, welchen Anteil die Globalisierung (Verlagerung der Produktion in die Billiglohnländer) an dieser Entwicklung hat, denn auch in früheren Zeiten sind schließlich arme Agrarländern zu modernen Industrienationen aufgestiegen. Ich halte es für zynisch anzunehmen, die Ausbeutung der Arbeitskraft diene dem Wohl der Menschheit. Es ist immer die gleiche Masche: Bei Misserfolgen will niemand verantwortlich sein. Keiner ist es gewesen, keiner war zuständig. Umgekehrt werden Erfolge genutzt, irgendwelche Lieblingsthesen zu untermauern. Man greift sich das heraus, was einem gerade in den Kram passt. Man dreht den Spieß einfach um! Genausogut könnte man argumentieren, das 1956 eingeführte Kindergeld sei für die sinkenden Geburtenraten in Deutschland verantwortlich (das wäre ein ähnlicher Schwachsinn).

„Wäre die Globalisierung falsch, hätten die Regierungen doch längst wieder die Importzölle angehoben ..."

Mein Kommentar:
Mit der obigen These wird den Regierungen eine Ungebundenheit und Lernbereitschaft unterstellt, die leider selten vorhanden ist. Warum das so ist?

1. Die mächtige Kapitallobby legt die Saat (nutzt ihren Einfluss) durch eigene Wirtschaftsforschungsinstitute, eigene Massenmedien, durch Parteispenden usw., wobei immer wieder die Nützlichkeit des Freihandels (Zollabbaus) propagiert wird. Die Kapitallobby hat ein einseitiges Interesse am Zollabbau.

2. Beeinflusst durch diese propagandistische Vorarbeit übernimmt auch die staatlich gelenkte Volkswirtschaftslehre (an den Schulen und Unis) die Thesen von der Nützlichkeit des Zollabbaus (der EU und der Globalisierung). Zu Zeiten des deutschen Wirtschaftswunders (Ludwig Erhards) war man in dieser Grundsatzfrage noch ganz anderer Meinung.

3. Die EU-Ideologie verhindert jedwede Umkehr und Einsicht! Die europäischen Regierungen stecken in einer Art Zwangsjacke – würden sie die Notwendigkeit von Zöllen eingestehen, wäre damit auch Sinn und Nützlichkeit der EU infrage gestellt.

4. Politiker sind auch nur Menschen und nehmen lieber den bequemeren Weg. Zumal nur die wenigsten Abgeordneten die komplexen weltwirtschaftlichen Zusammenhänge wirklich verstehen (man verlässt sich in der Regel auf die parteiinternen Spezialisten). Auch der Politiker neigt dazu, es sich einfach zu machen und die Sache schön zu reden: "Die Globalisierung hat ja auch ihre Vorteile!", "Wir als Exportweltmeister profitieren doch besonders vom Zollabbau". Mit derlei unrealistischen Wunschvorstellungen wird das eigene Gewissen beruhigt.

„Das Problem ist nicht die Globalisierung, wir brauchen einfach nur Mindestlöhne ...“

Gegenargument:

Durch den Abbau der Zölle haben sich die verantwortlichen Regierungen in eine Sackgasse manövriert. Aber weil man den Grundsatzfehler nicht eingestehen kann oder will, versucht man mit ungeeigneten Mitteln die Symptome zu bekämpfen. Dabei steht fest: Mindestlöhne schützen zwar vor extremer Ausbeutung – führen gleichzeitig aber auch zu weiterem Arbeitsplatzabbau. Denn die Konkurrenzsituation im globalen Lohndumpingwettbewerb bleibt schließlich bestehen: Je höher das Lohnniveau, desto mehr Arbeitsplätze verliert Deutschland ans Ausland. Aus diesem Teufelskreis kommt nur heraus, wer das globale Lohndumpingsystem zerstört – also wieder die Importzölle erhöht. Wer dies nicht will, Mindestlöhne aber als praktikablen Lösungsansatz preist, ist in meinen Augen ein Heuchler.

Außerdem: Je höher der Mindestlohn, desto größer auch die Flucht in die Scheinselbständigkeit und Schattenwirtschaft. Denn für Freiberufler, Landwirte und Soloselbstständige gelten keine Mindeststandards. Solange ein Staat diese widerlichen Ausbeutungssysteme zulässt, kann von einem "Mindestlohn" eigentlich gar nicht die Rede sein. Warum verbietet er nicht das skandalöse Verwirrspiel mit dem ineinander verflochtenen und verschachtelten Subunternehmertum? Warum darf es zum Beispiel selbständige Paketzusteller und Informatiker geben, die letztlich für drei oder vier Euro brutto die Stunde arbeiten? In einem Land, in dem angeblich ein akuter Fachkräftemangel herrscht. Das passt doch alles nicht zusammen! Wobei schließlich jedermann weiß, dass es angesichts dieses Subunternehmertums zu einer Kette weiterer Verwerfungen kommt. Zum Beispiel zur Verödung der Innenstädte, denn der Boom im Onlinehandel stützt sich zum Teil auf das Dumpingpreissystem beim Warenversand. Es kann doch wohl nicht sein, dass freiberufliche Paketzusteller de facto für einen Drittel des Mindestlohnes arbeiten, um dann über das Sozialamt als Aufstocker das Haupteinkommen zu beziehen.

„Eine soziale Marktwirtschaft kann es nur in einem durch Zölle geschützten, intakten Binnenmarkt mit fairen Wettbewerbsbedingungen geben (für alle geltende Tariflöhne, gleiche Steuern usw.). In einem solchen Markt wären Mindest- und Kombilöhne völlig überflüssig, weil das Dumpingprinzip nicht greifen könnte.“

„Aber die internationale Arbeitsteilung bringt doch allen Vorteile …"

Sagen wir es mal so:

Als David Ricardo vor über 200 Jahren die These vom komparativen Vorteil der internationalen Arbeitsteilung verkündete, war natürlich die mächtige Kapitallobby sofort auf seiner Seite. Konnte sie doch fortan ein Land gegen das andere ausspielen (bei den Löhnen, Steuern, Subventionen, Arbeits- und Umweltschutzmaßnahmen usw.). In der Theorie sollte sich durch Spezialisierung jedes Land in bestimmten Sparten eine Überlegenheit aufbauen, die allen Menschen zugute käme.

Doch Ricardos Wunschvorstellungen wurden in Theorie und Praxis längst widerlegt. Denn wenn Spezialisierung tatsächlich funktioniert, führt sie zu starken Abhängigkeiten und einer verbraucherfeindlichen Monopolstellung. In der heutigen Zeit des Internets und der billigen Warentransporte ist der Denkansatz eh hinfällig, weil man nahezu jedes technische Produkt überall in der Welt herstellen kann. Da hilft keine Spezialisierung, es zählt letztlich nur noch der Preis – der Wegfall der Importzölle mündet also direkt im globalen Lohndumpingwettbewerb.

> *„Falsche Schlussfolgerungen führen in der Summe zu fatalen Fehlentscheidungen. Sich auf jahrhundertealte Thesen zu berufen, die bereits mehrfach zu Katastrophen führten, verbietet sich eigentlich von selbst. "*

„Aber die internationale Zusammenarbeit hat doch dazu beigetragen, die Finanzkrise 2009 zu meistern …"

Richtigstellung:

Es stimmt: Die recht gute internationale Zusammenarbeit 2008/2009 hat den drohenden Zusammenbruch erst einmal verhindert. Aber: Ohne die übertriebenen weltwirtschaftlichen Verflechtungen hätte es diese Finanzkrise gar nicht gegeben! Erst der globale Dumpingwettbewerb zwang zur Deregulierung der Finanzmärkte. Die einzelnen Nationalstaaten hatten letztlich kaum noch eine Kontrolle über die eigene Volkswirtschaft, erst recht nicht über den Geld- und Kreditverkehr.

Diese Umstände führen auch heute noch zu einer gefährlicher Unwucht: Immer mehr

Geld häuft sich bei den wenigen Globalisierungsgewinnlern an, während der breiten Masse der Bevölkerung das Geld für den normalen Konsumkreislauf entzogen wird. Demzufolge bilden sich immer wieder gefährliche Spekulationsblasen, deren Ausgang ungewiss ist. Auch die Finanzkrise 2009 ist längst noch nicht abgehakt – es droht eine Fiskalkrise ungeahnten Ausmaßes, da man anscheinend von der Billiggelddroge nicht mehr loskommt.

„Die Globalisierung bewahrt uns vor Kriegen!"

Gegendarstellung:

Wenn die Globalisierungslobby keine glaubhaften Argumente mehr für ihren Multikulturalismus aufbringen kann, beschwört sie die Kriegsgefahr. Die droht demnach, sollten Staaten wieder vermehrt auf ihre wirtschaftliche Eigenständigkeit und Unabhängigkeit achten. Mit ihrem altbewährten Einschüchterungstrick bezirzt sie immer wieder Ängstliche und Gutgläubige, die vor jeder Veränderung einen Bammel haben.

Dabei ist die Friedenstrumpfkarte lediglich ein windiger Fake, der eigentlich leicht zu durchschauen wäre. Denn wie steht es denn um die größte Multikulti-Vorzeigemacht? Wie viele Kriege haben die USA seit gut 100 Jahren geführt? Wie oft haben sie sich in Konflikte eingemischt, wie nah stand die Welt am Abgrund (Kuba-Krise).

Weil die USA von Handelspartnern abhängig war (Öl, Rohstoffe, Absatzmärkte), kam es immer wieder zu gefährlichen Konflikten und Kriegen. Es ging den USA dabei nicht nur um die Durchsetzung von Eigeninteressen, man wollte offenbar auch die Welt nach den eigenen Vorstellungen umformen (missionieren). Diese taktische Globalisierungs- bzw. Multikulturalismus-Ideologie als Friedensprojekt zu verkaufen ist dreist (dummdreist). Wie kann man nur annehmen, eine Verschmelzung der über Jahrtausende gewachsenen Kulturen zu einem Einheitsbrei und die Entmachtung (schleichende Auflösung) der Nationalstaaten würde allgemein zu mehr Sicherheit, Ordnung und Wohlstand führen?

Man stelle sich einmal bildlich vor, die Nationalstaaten wären abgeschafft, es gäbe eine Weltregierung. Und dann? <u>Wie leicht könnte diese Regierung gekapert werden von Putschisten, Diktatoren oder Mafia-Clans?</u> Wie groß wäre die Gefahr von ewig schwelenden Bürgerkriegen, weil Menschen anderer Kulturen oder Religionen sich benachteiligt, vereinnahmt oder unterdrückt fühlen? <u>Der Separatismus und Freiheitskämpfe würden allerorten wieder aufflammen.</u> Und überhaupt: Glaubt jemand ernsthaft, eine einzelne Regierung wäre in der Lage, sich gerecht um das Wohl und die Belange von 7,8 Milliarden Menschen zu kümmern? Die Welt würde höchstwahrscheinlich zum Tollhaus werden und es gäbe dann auch keine Möglichkeit mehr, von anderen Staaten (Sozial-, Gesellschafts- und Wirtschaftssystemen) zu lernen. Wer behauptet, die Existenz von Nationalstaaten (der Nationalismus) führe in letzter Konsequenz zum Krieg, ist in meinen Augen ein gewissenloser Demagoge.

„Es ist schon auffällig: Alles was verträumten Kosmopoliten und Strippenziehern des globalen Lohndumpings gelegen kommt, schafft angeblich Frieden. Wer darf bei einer solchen Argumentation noch widersprechen? Der Frieden ist uns allen schließlich heilig!"

„Die Globalisierung bietet die Möglichkeit, weltweiten Handel zu treiben!"

Klarstellung:
Welthandel gibt es seit Jahrtausenden, er ist keine Neuerfindung. Und natürlich gäbe es auch einen regen Welthandel, würden die Importzölle wieder angemessen angehoben, um den globalen Dumpingwettbewerb zu beenden. Schon durch die enormen Fortschritte beim Warentransport (z. B. Containerschiffe) und dem Abbau schikanöser Handelshemmnisse wäre der Welthandel beträchtlich ausgeweitet worden. Wozu dann noch die Eskalation des internationalen Warenaustausches mitsamt der Finanzmärkte durch den Abbau der Importzölle?

„Der Globalisierung verdanken wir unser tägliches frisches Obst!"

Richtigstellung:
Wieder einmal wird sinnvoller Welthandel mit Globalisierung verwechselt. Schon vor dem 2. Weltkrieg versorgten Bananendampfer Deutschland mit exotischen Früchten. Die extreme Verbilligung der Luftfracht und fortschrittliche Kühlungstechniken haben derweil das Angebot an frischem Obst und Gemüse vervielfacht.

Doch mit der Globalisierung hat diese Änderung unserer Ess- und Kaufgewohnheiten (die keineswegs immer ökologisch und gesundheitlich sinnvoll und nützlich ist) eigentlich gar nichts zu tun. Der technologische Fortschritt war es hauptsächlich, der den Wandel herbeigeführt hat. Würde die Globalisierung abgeschafft durch eine Erhöhung der Einfuhrzölle und den Verzicht auf Transportsubventionen, würde man trotzdem noch überall Kiwis und argentinisches Rindfleisch kaufen können (wir trinken ja auch noch unseren Kaffee trotz hoher Einfuhrzölle). Allerdings würden sich die Importströme normalisieren und die starke Subventionierung der europäischen Landwirtschaft könnte aufgehoben werden. Es würden sich dann wieder die Prinzipien einer fairen Marktwirtschaft durchsetzen.

„Die Globalisierung ermöglicht es, die ganze Welt zu bereisen!"

Richtigstellung: Die Globalisierung hat mit Auslandsreisen absolut nichts zu schaffen. Oder will jemand behaupten, dass es in den 1970er Jahren noch keinen Massentourismus gab? Entscheidend für den Anstieg der Fern- und Auslandsreisen war die Verdoppelung der Erdbevölkerung und der rasante Fortschritt im Flugzeugbau, der die Flüge zunehmend billiger machte.

„Der Globalisierung verdanken wir die weltweite Kommunikation!"

Richtigstellung:
Hier wird wieder einmal technologischer Fortschritt mit Globalisierung gleichgesetzt. Dabei handelt es sich beim Telefon, Rundfunk und Fernsehen nicht einmal um Erfindungen der Nachkriegszeit – sie wurden lediglich weiterentwickelt. Ebenso wie Computer mit den sich daraus ergebenden Möglichkeiten (Internet). Wer den natürlichen technologischen Fortschritt der Globalisierung andichten will, betreibt Dummenfang.

„Donald Trump war eine Fehlbesetzung, eine absolute Katastrophe!"

Meine Meinung:
Die Berichterstattung über den amerikanischen Präsidenten schien mir wenig ausgewogen und absolut respektlos. Trump wurde in den deutschen Medien fast durchgängig als Dumpfbacke und Vollidiot dargestellt. Von Anfang an! Er hatte kaum eine Chance, sich unter fairen Bedingungen zu beweisen. Er wurde gehetzt und es wurde sich über ihn

lustig gemacht.

Der Grund für diesen täglich zur Schau gestellten Unmut: Vermutlich passte unseren Meinungsmachern Trumps negative Haltung zur Globalisierung nicht. Man stelle sich einmal vor: Da hatte Trump es doch tatsächlich gewagt, die Importzölle anzuheben! Damit erschütterte er die konventionelle, konzernfreundliche Machtbasis. Eine Todsünde! Und dann sprach er auch noch offen aus, wo andere Regenten nur vage Herumdrucksten. Er wagte es, den Zustrom von Wohlstandsnomaden zu kritisieren. In einer Zeit, in der noch alle Gutmenschen brav von der heilen Scheinwelt der offenen Grenzen träumten. Über viele Dinge, die Trump angestoßen hatte, ärgere ich mich auch. Aber man muss die Kirche im Dorf lassen. Man muss auch auf die Habenseite schauen. Und da vermisse ich in Deutschland die notwendige Neutralität. Wenn man bedenkt, was seine Vorgänger „vollbracht" haben, sieht Trumps Gesamtbilanz gar nicht einmal so schlecht aus.

Wem nützt der stetig brodelnde globale Unterbietungswettbewerb?

Profitiert der Verbraucher oder gar die Menschheit davon, dass Preise immer weiter runtergeknüppelt werden? Eben nicht, wie die paradoxen Lohnentwicklungen in den Industrienationen eindrucksvoll belegen. Wie kann es sein, dass sich seit 40 Jahren die inflationsbereinigten Nettolöhne selbst im deutschen Exportwunderland im Sinkflug befinden, wo doch eigentlich die genialen produktiven Fortschritte weit mehr als eine Verdoppelung hätten erbringen müssen?

In diesem Kontext darf es wohl statthaft sein darüber nachzudenken, wie dieser schleichende Niedergang zu erklären ist. Was also bewirkt der globale Dumpingwettbewerb? Um es vorwegzunehmen: auf breiter Front nichts Gutes! Denn zunächst einmal werden dabei die Arbeitnehmer in die Mangel genommen. Wegen der weltweiten Konkurrenz stehen fast alle Werktätigen im direkten Wettbewerb mit den Niedriglohnländern. Da gibt es kaum ein Entkommen – es sei denn, man würde über angemessene Zölle eine wirksame Schutzbarriere schaffen. Das perverse globale Lohndumpingsystem macht Konzerne reich – auf Kosten des Fußvolks. Tesla hat zum Beispiel 2020 seinen Marktwert verfünffacht, die anderen US-Giganten (Amazon, Apple, Microsoft usw.) haben ihn immerhin verdoppelt. Man sieht also, wohin das Geld fließt.

Aber der globale Unterbietungswettbewerb hat noch ganz andere Auswirkungen: Er befeuert die Kriminalität! Und damit meine ich nicht nur die übliche Steuerhinterziehung (Stichwort Steueroasen), an die die Menschheit sich weitgehend gewöhnt hat (weil

Regierungen keine Anstalten machen, das ruchlose Treiben zu beenden). Noch Ärger als die Steuerflucht ist der stete Druck auf alle Wirtschaftsbetriebe (weltweit), preislich konkurrenzfähig zu bleiben. Um nicht unterzugehen werden zahlreiche Unternehmer zu Betrügern, indem sie sich zum Beispiel über vorgetäuschte Exporte Mehrwertsteuerrückzahlungen erschleichen. Der Steuerschaden dieser Karussellgeschäfte soll sich für 2019 innerhalb der EU allein auf ca. 60 Milliarden Euro belaufen. Gesetzestreue Hersteller und Händler stehen mit diesen Kriminellen im Wettbewerb. Also müssen auch sie sparen. Das geschieht dann beim Personal (Leistungsverdichtung) oder aber über zahlreiche andere Tricks. Zum Beispiel, dass man minderwertige Rohstoffe verwendet, in Produkte billige Komponenten einbaut, mit Produktplagiaten oder II.-Wahl-Artikeln handelt, Hehlerware usw. vertreibt. Ich möchte hier keine unnötigen Anregungen liefern – aber seien Sie sich gewiss: Es ist ein Spiel ohne Grenzen, es eröffnen sich immer neue Möglichkeiten des Betrugs. Daher meine Befürchtung: Falls das globale Unterbietungssystem nicht über Zölle eingedämmt wird, werden am Ende nur solche Firmen/Konzerne überleben, die am raffiniertesten kriminelle Energie entwickeln bzw. bestehende Gesetze missachten.

Welche schlimmen Auswirkungen das globale Unterbietungssystem allgemein hat, sieht man bereits in der Nahrungsmittel- und Fleischproduktion. Da werden zum Beispiel gesunden Küken Antibiotika verabreicht, damit sie schneller wachsen und innerhalb von drei Wochen schlachtreif sind. Und dann wundert man sich später, wenn Patienten sich im Krankenhaus multiresistente Keime einfangen, die jährlich zigtausende Todesopfer fordern (mehr als Corona). Auch die unsägliche Massentierhaltung, die Monokultur auf den Feldern, die irre Subventionierung der Landwirtschaft sind alles Folgen eines sich verheerend auswirkenden globalen Dumpingsystems. Das Seltsame: Beim Verbraucher kommt diese staatlich geförderte Preisdrückerei gar nicht an. Weil er in das System über den Lohn eingebunden ist, gehört er zu den großen Verlierern – auch wenn Politik & Medien gerne ein ganz anderes Bild vermitteln. Ich wundere mich immer, wenn süffisant Erfolge gefeiert werden ("Noch nie ging es uns so gut wie heute!"). Man proklamiert einen tollen Anstieg der Reallöhne und räumt im gleichen Atemzug ein, dass immer mehr Durchschnittslöhner ihre Miete nicht zahlen können. Liebe Propagandaleute: Die Miete ist nun einmal ein realer Kostenfaktor, sie gehört zu den Lebenshaltungskosten. Die Behauptung, "der Wohlstand wachse unaufhörlich und gleichzeitig werden die Mieten unbezahlbar" beißt sich irgendwie. Das passt nicht zusammen. Aber die undurchschaubere Berechnung der Inflationsrate ist schließlich auch Bestandteil der allgemeinen Verschleierungstaktik. Die Formel "Nettolohn - Inflationsrate = Reallohn" verführt zur Bagatellisierung der jährlichen Preissteigerungsrate. Das zahlt sich wiederum aus bei Lohnverhandlungsrunden und der Bestimmung des Leitzinses.

Kapitel IV

Beispiele beliebter Irreführungen bezüglich der EU.

Deutschland nimmt eine Sonderrolle ein, was die Zustimmung der Bevölkerung zur EU betrifft. Ein Großteil der Bürger kann sich Europa ohne die EU gar nicht mehr vorstellen. Wie das kommt? Na, die hartnäckige Jubelpropaganda zeigt eben Wirkung. Wenn es in den Fernsehnachrichten unentwegt heißt, „Deutschland profitiere ganz besonders von der EU, dem Euro, der Billiggeldschwemme usw.", wenn dann auch noch die Prominenz wie geklont sich in gleicher Manier äußert, dann hinterlässt das natürlich Spuren. Und wenn dann noch unverdrossen die Gegner dieser sonderlichen EU-Konstruktion als Demokratiefeinde, Rassisten oder Nationalisten beschimpft werden, verdoppelt sich die Beeinflussung. Was aber wäre, wenn sich zunehmend Bürger eine eigene Meinung bilden, sich näher mit der komplexen Materie vertraut machen, die konstruierte Undurchschaubarkeit zu Durchdringen versuchen? Dann würde der Ruf nach einem Dexit (einem Austritt aus der EU) immer lauter werden.

„Die EU ist ein Friedensprojekt!"

Klarstellung:

Mit dieser Lebenslüge wird die Europäische Union auch heute noch gerechtfertigt. Allen Gutgläubigen wird eingeredet, den Frieden nach 1945 verdankt Europa allein der EU ("Nie zuvor seit Ende des Römischen Reiches hat es eine derartig lange Friedensphase gegeben!"). Doch was sind die wirklichen Ursachen dieser Friedensepoche?

1. Die Existenz der Atombomben. Deren Abschreckungswirkung ist immens, weil damit jeglicher Krieg unkalkulierbar wird und mit der völligen Zerstörung des Kontinents enden könnte.

2. Die Existenz des NATO-Bündnisses. Wenn alle relevanten europäischen Staaten im selben Verteidigungsbündnis eingebettet sind, verringert sich zusätzlich die Kriegsgefahr.

3. Die Existenz der Demokratien. In einer Demokratie ist ein Krieg nun einmal weit weniger wahrscheinlich als in einer Diktatur.

4. Aufklärung durch vielschichtige Medien. Im heutigen Informationszeitalter ist es weit schwieriger, der Bevölkerung die Notwendigkeit oder Legitimität eines Krieges zu vermitteln.

Es ist genau umgekehrt: Die EU provoziert Streit, Begehrlichkeiten und Spannungen:

1. Den Krieg in der Ukraine hätte es ohne den Zwiespalt Russland versus EU vermutlich nicht gegeben. Dass Russland eine Umzingelung von der EU/NATO nicht däumchendrehend akzeptiert, war abzusehen. In diesem konkreten Fall erwies sich die EU also ganz bestimmt nicht als "Friedensprojekt".

2. Die angestrebte politische Union macht einen Krieg nicht unwahrscheinlicher, sie transformiert ihn nur in eine höhere Liga. Wenn die EU wie geplant zu den "Vereinigten Staaten von Europa" zusammenschmilzt (weil sie sonst an ihren vielen Widersprüchen zerbrechen würde), ist sie vielleicht schon bald genauso oft in Kriege verwickelt wie die USA es seit 1945 waren.

3. Die Friedensmissionen im Rahmen der EU/NATO sind nicht ungefährlich. Und können jederzeit eskalieren. Heute muss Deutschland seine Soldaten weltweit in gefährliche Kriegsgebiete entsenden. Trotzdem wird unserem Land ständig vorgeworfen, wir täten viel zu wenig und seien feige Schmarotzer.

Fazit: Die Behauptung, die EU sei ein Friedensprojekt, betrachte ich als heimtückische Lügenpropaganda oder aber realitätsfernes Wunschdenken. Zumal die meisten Staaten außerhalb Europas schließlich seit 1945 auch nicht in Kriege verwickelt waren. Und wenn man schon eilfertig mit der Geschichte jongliert, müssten eigentlich die Schweiz und Schweden uns als Vorbild dienen. Demnach müsste sich Deutschland als neutral erklären, also aus der NATO austreten und seine Wehrmacht weitgehend auflösen (die meisten Panzer, Schiffe, Flugzeuge usw. sind ja eh nicht einsatzbereit und mit der Gorch Fock allein lässt sich kein Krieg gewinnen).

„Die EU hilft uns, die globale Herausforderung zu bestehen ..."

Richtigstellung:
Wie widersprüchlich doch bisweilen argumentiert wird! Einerseits will man der Bevölkerung die Globalisierung (den Abbau der Zollgrenzen) als Vorteil verkaufen, andererseits soll aber die Europäische Union den globalen Dumpingwettbewerb entschärfen und eine Schutzzone bilden. Man schwärmt vom großen Binnenmarkt und verschweigt, dass dieser interne Marktplatz alles andere als gerecht und homogen ist. Einen echten Binnenmarkt kann es eigentlich nur bei gleichen Löhnen und Steuern geben. Kann die EU das gewährleisten?

Durch den Wegfall der Zollgrenzen sind innerhalb der Europäischen Union absurde Konkurrenzsituationen entstanden. Wie soll der im Hochpreisland lebende deutsche Arbeitnehmer auf Dauer gegen die Niedriglohnkonkurrenz im Osten bestehen können? Wie sollen unterentwickelte Staaten ohne Zoll eine effiziente Volkswirtschaft aufbauen? Einen fairen Binnenmarkt unter völlig ungleichen Bedingungen kann es nicht geben! Beim EU-Binnenmarkt handelt es sich um ein Fake, eine dreiste Mogelpackung. Der Begriff Binnenmarkt kann deshalb nur als Verhöhnung verstanden werden, wo es doch nicht einmal einheitliche Steuer- und Sozialgesetze gibt. Die EU taugt nicht als Allianz gegen den globalen Dumpingwettbewerb, sondern erweist sich eher als zerstörerische Kraft, als zusätzliche Belastung. Mit der Aufgabe der eigenen Währung haben die Euro-Staaten zudem das wichtigste Instrument zur Wirtschaftssteuerung und Krisenbewältigung preisgegeben. Wie soll das noch enden?

„Falsche Annahmen und Träumereien führen zu fatalen Weichenstellungen. Eine Wende zum Besseren kann es nur geben, wenn ehrliche Erfolgsbilanzen aufgestellt werden. Aber dazu sind unsere Pfründe bewahrenden Demokratien kaum noch in der Lage."

„Ohne EU würde Deutschland im internationalen Konzert nicht mehr wahrgenommen!"

Klarstellung:

Da ist er schon wieder, dieser unerträgliche Größenwahn! Wieso haben Staaten außerhalb der EU nicht diese alberne Angst vor einem "Bedeutungsverlust"? Und warum unterstellt man anderen Völkern und Regierungen immer wieder unverhohlen Dummheit und Ignoranz? Wären Chinesen, Inder oder Amis wirklich so blöd, ein souveränes Frankreich oder Deutschland nicht mehr "wahrzunehmen"? Bleibt etwa die Schweiz (die viel kleiner ist und nur ein Zehntel unserer Einwohnerzahl hat) außerhalb der EU unbeachtet und ohne jeden Einfluss?

„Mit unlauteren Verschwörungstheorien die Bevölkerung einzuschüchtern ist erbärmlich!"

„Ein einzelner europäischer Staat kann seine Grenzen nicht sichern!"

Gegendarstellung:

Brauchen wir zur Grenzsicherung und zum Schutz gegen Massenzuwanderungen tatsächlich die Europäische Union, wie immer wieder argumentiert wird? Was ist das für ein verqueres Denken! Überall in der Welt beweisen unabhängige Nationalstaaten das Gegenteil. Warum soll ein souveränes Deutschland unfähig sein, seine Interessen und Grenzen zu schützen? Welch ein verlogener Mythos wird da schon wieder aufgebaut? Außerdem lässt sich der Zustrom von Wirtschaftsflüchtlingen auch auf andere Weise eindämmen. Zum Beispiel über die Sozialhilfen. Warum wohl sind die meisten EU-Staaten absolut unattraktiv für Zuwanderer? Warum wollen so viele von ihnen ausgerechnet im angeblich fremdenfeindlichen Land der "ungläubigen Deutschen" leben?

„Wir wollen doch alle die offenen Grenzen!"

Gegendarstellung:

Woher weiß man das schon wieder? Woher weiß man, was "wir" wollen. Wurde darüber jemals abgestimmt? Wurde der Bevölkerung erklärt, welche gravierenden Nachteile der fehlende Grenzschutz mit sich bringt? Wenn es heißt, wir alle wollen die offenen Grenzen, dann sind das doch wohl in erster Linie Grenzpendler – aber eben auch kriminelle Einbrecher- und Diebesbanden aus anderen Ländern, Zuhälter, Terroristen, Schleuser, Illegale, Zollbetrüger, Mehrwertsteuerhinterzieher!

Sicher – auch ein Teil der Durchschnittsbürger, die Industrie und Spediteure sehen sich als Profitiere der offenen Grenzen. Aber eben nur, weil sie recht oberflächlich und einseitig an ihre vermeintlichen Vorteile denken. Der Tourist freut sich, wenn er an der Grenze keinen Pass vorzeigen muss und dadurch 10 Minuten an Zeit spart. Er freut sich vielleicht auch, wenn niemand mehr so genau hinschaut, was er illegal ins Land schmuggelt. Spediteure und Produzenten waren zunächst dankbar, weil ihre vollbeladenen Lkw ohne Stopps und lästige Kontrollen über die Landesgrenzen rauschen konnten. Aber mehr und mehr wendet sich das Blatt, weil die ausländische Konkurrenz fast alles billiger kann. Wie viele deutsche Spediteure gibt es überhaupt noch im grenzüberschreitenden Verkehr? Und wie viele mittelständische Betriebe haben bis dato den innereuropäischen Dumpingwettbewerb überlebt?

Unterm Strich leidet unsere Volkswirtschaft von der grenzenlosen Freiheit. Und zwar erheblich! Weil das Schengener Abkommen nun einmal nicht funktioniert, die EU-Außengrenzen nicht wirklich geschützt werden können, die Gesetze, Lebenshaltungskosten und Sozialstandards innerhalb der EU zu unterschiedlich sind und geltende Verträge (Dublin) nicht eingehalten werden.

„Die Wiederbelebung innereuropäischer Grenzen wäre eine Katastrophe!"

Woher weiß man das?

Das Gegenteil ist der Fall! Von der EU-Lobby wird das Schengener Abkommen noch immer als große Errungenschaft gefeiert. Doch was hat der Verzicht auf nationale Grenzen innerhalb der EU wirklich gebracht? Die Wirtschaft beruft sich vollmundig auf jährliche Einsparungen in Zigmilliardenhöhe – doch die Bevölkerung hat davon nichts abbekommen (die realen Arbeitseinkommen sind in den letzten Jahrzehnten eben nicht gestiegen). Weil die Bequemlichkeiten beim Warentransport zum Missbrauch geradezu einluden (Auslagerung von Produktionsstätten in Billiglohnländer). Hinzu kommt noch ein ganzer Rattenschwanz von Nachteilen, die fehlende Grenzkontrollen nun einmal mit sich bringen (erleichterter Mehrwertsteuerbetrug, Zigaretten-, Alkohol- und Drogenschmuggel, Zollvergehen, Zunahme der Kriminalität, organisierter Clans, der Umweltschäden usw.).

„Aufwiegelung, Hetze, Verschwörungstheorien, Rufmord – damit bloß keine breite Debatte über heikle Themen einsetzt. Und alles natürlich im Namen der Demokratie und Pressefreiheit!"

„An dieser Frage entscheidet sich die Zukunft Europas!"

Mein Kommentar:

Wie oft wurde mit dieser aufgeblasenen Rhetorik schon Stimmung gemacht? Immer wieder wird mit salbungsvollen Propagandaphrasen das Volk manipuliert und zum gehorsamen Befehlsempfänger oder Mitläufer degradiert. Mit der einschüchternden Botschaft "wenn wir jetzt dieses oder jenes Gesetz nicht durchkriegen, droht der Zusammenbruch Europas" lässt sich nahezu jeder Blödsinn durchboxen. Und dann ist man sogar noch stolz über die Überlegenheit unserer Demokratie und Pressefreiheit. Dabei ist es doch schon mehr als anmaßend, großspurig das Schicksal Europas heraufzubeschwören, wenn lediglich die EU (die Europäische Union) gemeint und betroffen ist. Dieses freche, übergreifende Denken ist gewissenlosen Demagogen und Lobbyisten trotz Belehrung einfach nicht abzugewöhnen.

Geht „Europa" unter, wenn das innereuropäische Lohn-, Steuer-, So-
zial- und Zinsdumping über Einfuhrzölle unterbunden würde?
Scheitert Europa, wenn die EU-Mitgliedsstaaten von der Brüsseler Bü-
rokratie- und Regulierungswut befreit würden und wieder souverän
entscheiden dürften?

„Die EU setzt weltweite Standards und Normen!"

Gegendarstellung:

Also mal ehrlich: Braucht es eine Europäische Union, um eine Kommission zu bilden, die industrielle Standards festlegt? Was wird uns da wieder für ein Märchen aufgetischt? Benötigt die EU tatsächlich derart krampfhaft konstruierte Erfolgsmeldungen, um ihre Daseinsberechtigung zu legitimieren? In der fünfseitigen Spiegel-Titelstory "Die sanfte Macht" (Heft 4 vom 23. 1. 2021) wurden die vermeintlichen Vorzüge der EU herausgearbeitet. Noch nie vernahm ich einen derart verklärenden Lobgesang. Selbst der Euro wurde geadelt und als Erfolgsmodell gepriesen. Sieht so kritischer Journalismus aus? Mich erinnerte die ganze Litanei an eine Hofberichterstattung bzw. ein Gefälligkeitsgutachten. Oder sehe ich das falsch? Vielleicht können Sie den Artikel irgendwo auftreiben und sich selbst ein Urteil bilden.

Neben dem Staatsfernsehen scheint mir „Der Spiegel" das wichtigste meinungsbildende deutsche Leitmedium (ich lese ihn regelmäßig seit 40 Jahren). Was dort steht bzw. proklamiert wird, dient unserer Mainstream-Gesellschaft sehr oft als Richtlinie, als Norm. Insofern wünschte ich mir doch so manches Mal etwas mehr Bodenständigkeit und Realitätssinn. Ob EU-Staatenbund oder souveräne, selbstbestimmende Nationalstaaten, Europa wäre so oder so ein ernstzunehmender wirtschaftlicher Faktor. Man braucht da wirklich nicht unnötige Weltmachtsgelüste zu schüren. Die eskalierte Brüsseler Bürokratie (Bevormundung), der Euro, die unsolidarische Egogemeinschaft und der inhomogene Binnenmarkt leisten wohl kaum einen positiven Beitrag zur Stärkung unseres Kontinents. Es gelingt der EU ja nicht einmal, die Steuersätze zu harmonisieren, selbst da herrscht ein brutaler Dumpingwettbewerb.

PS1: Definiert sich so der Erfolg? Laut CEBR ist das Bruttoinlandsprodukt in der EU preisbereinigt von 2005 bis 2020 leicht gesunken, während es sich im gleichen Zeitraum in China verfünffacht hat. 2005 betrug das BIP in China 3 Billionen Dollar und in den 27 Staaten der EU (also ohne Großbritannien) 15 Billionen Dollar. Inzwischen hat China die EU längst überflügelt. Wobei es in der EU natürlich starke Unterschiede gibt: Die EU-Niedriglohnländer haben aufgeholt, während die EU-Hochlohnländer umso mehr abgesunken sind.

PS2: Bei so viel Enthusiasmus bezüglich der EU leuchtet auch ein, warum es diesen abgrundtiefen Hass gegenüber der kritischen AfD gibt.

„Nur Deutschland profitiert wirtschaftlich von der EU!"

Gegendarstellung:

Das ist die vorherrschende Meinung breiter Bevölkerungsschichten in den EU-Staaten. Den Deutschen geht es (scheinbar) gut, während es ihnen selbst oft mies geht. Also liegt doch auf der Hand, wer die Profiteure sind. So die sich aufdrängende Logik. Und diese Grundeinstellung schürt natürlich Ressentiments, Neid und Missgunst. Der sich dann auch in vermeintlich harmlosen Gradmessern widerspiegelt. Zum Beispiel dem ESC, dem "European Song Contest", der auffallend oft zu einem Sympathie-Contest mutiert (Deutschland scheint bisweilen den letzten Platz abonniert zu haben).

Bei nüchterner Betrachtung jedoch ist Deutschland auch wirtschaftlich der größte Verlierer, was eindrucksvoll die seit 40 Jahren sinkenden Reallöhne und Renten unterstreichen. Viele andere EU-Staaten konnten zwar wohlstandsmäßig aufholen, hätten sich aber sicherlich ohne die lähmende EU-Bevormundung und EU-Bürokratisierung viel freier und schneller entwickelt. Letztlich leiden alle EU-Staaten unter dem gnadenlosen innereuropäischen Unterbietungswettbewerb. Gäbe es anstelle der hochgelobten Freihandelszone vernünftige Zollgrenzen, könnte jede größere Volkswirtschaft eine weitgehende Eigenversorgung anstreben, ohne große Abhängigkeiten und grenzüberschreitende Lieferketten.

Übrigens hätte ohne die dubiose wirtschaftliche Verflechtung der EU-Staaten und dem daraus resultierenden Berufspendlertum auch das Coronavirus es weit schwerer gehabt, sich so rapide über den ganzen Kontinent auszubreiten. Ein durch Grenzen geschützter souveräner Staat bräuchte auch keine ausländischen Leih- und Werksarbeiter. Die verlangen nur solche Unternehmer, die das natürliche Lohnniveau im Inland herunterdrücken wollen/müssen. Denn nur durch Lohndumping können sie in einem zollfreien Markt überleben (mit den EU-Niedriglohnländern konkurrieren).

PS: Eine Mehrheit der Deutschen ist laut Umfragen immer noch für den Verbleib in der EU (bei der verklärenden Staatspropaganda wundert das nicht). Aber wir leben in einer parlamentarischen Demokratie! Wenn 40 % unserer Bevölkerung die EU ablehnen, wie repräsentiert sich diese Stimmung im Bundestag?

„Ohne Euro hätte es keine Wiedervereinigung gegeben!"

Ist das wahr, ist das so?

Nachdem sich der Euro als größte Fehlentscheidung des Jahrhunderts erwiesen hat, will man nun alle Schuld den Franzosen in die Schuhe schieben. Man habe damals nicht anders können, behauptet man von deutscher Seite, weil ohne Euro die Franzosen nicht die deutsche Wiedervereinigung genehmigt hätten. Doch gab es diesen Zwang überhaupt? Zwar erhoffte sich die französische Regierung tatsächlich von einer Gemeinschaftswährung wirtschaftliche Vorteile und war Hauptbetreiber der Aktion, doch von einer Erpressung seitens der Franzosen kann wohl keine Rede sein.

Als mit Deutschland befreundete Nation, eingebettet in die EU, hätte doch Frankreich gar nicht anders können, als der jahrzehntelang herbeigesehnten Wiedervereinigung zuzustimmen. Hätten die Franzosen die überraschende Chance des Zerfalls des Eisernen Vorhanges, des Sowjet-Imperialismus und des Kommunismus vereiteln sollen, wo doch alle anderen freiheitlich gesinnten Länder längst zugestimmt hatten? Aus purer Angst vor einem "übermächtigen" Deutschland? An ein solches Märchen kann ernsthaft niemand glauben.

> *„Dumme Ausreden, Verdächtigungen und Unterstellungen führen letztlich zu falschen Schuldzuweisungen und zur Ausländerfeindlichkeit. Wenn man selbst etwas verbockt hat, solle man auch dazu stehen."*

„Kriminell ist das System Tönnies ..."

Gegendarstellung:

Ich bin gegen die Unterwanderung von Tariflöhnen – und das Tierwohl und der Tierschutz liegt mir sehr am Herzen. Aber: Das Problem ist nicht Tönnies oder wie sie alle heißen, das Problem ist der brutale globale Unterbietungswettbewerb. Die fehlenden

Zollgrenzen sind es, die Unternehmen zu immer drastischeren Maßnahmen zwingen, um im knallharten Konkurrenzkampf der offenen Grenzen überleben zu können. Würde man unter solchen Bedingungen in Deutschland die Zügel anziehen, also die Rahmenbedingungen verschärfen (Tariflohnpflicht, Verbot der Massentierhaltung usw.), würde es eine weitere Produktionsverlagerung ins osteuropäische Billiglohnland geben. Dann würde es hierzulande überhaupt keine Schlachtereien und Fleischfabriken mehr geben. Das Fleisch würde aus dem Ausland kommen, dort produziert und weiterverarbeitet. Vermutlich unter Bedingungen, die weniger streng und schlechter sind als hierzulande. Würde dies die Probleme aus der Welt schaffen, würde das dem Tierwohl und dem Umweltschutz dienlich sein? Der zollfreie Welthandel treibt die Menschheit in eine skurrile Irrsinnsspirale. Er ist auch die Hauptursache für den inländischen Zentralisierungswahn, dem lokale Firmen (zum Beispiel Schlachthöfe) weitgehend zum Opfer fielen. Mit der Folge, dass ländliche Regionen veröden und Metropolen den Ansturm kaum noch bewältigen können (Mietpreisexplosion). Was wiederum einen Kreislauf von Flickschustereien, Subventionen, Sozialhilfen und Umweltsünden in Gang setzt. Zum Beispiel Erhöhung des Pendlerunwesens, Überbietungsschlachten bei der Anwerbung von „arbeitsplatzschaffenden" Firmen, Verschenkung von Einfamilienhaus-Grundstükken in ländlichen Gemeinden usw.

„Deutschland lebt von seinen EU-Exporten ..."

Richtigstellung:

Es ist richtig: Deutschland exportiert viel in andere EU-Staaten. Aber es importiert auch sehr viel. Und wie groß der diesbezügliche Handelsbilanzüberschuss ausfällt, weiß eigentlich keiner. Weil viele Exporte nur vorgetäuscht werden, um eine Mehrwertsteuer-Rückerstattung zu ergaunern (der geschätzte Steuerschaden innerhalb der EU beläuft sich auf 60 Milliarden Euro).

Aber davon einmal abgesehen: Welchen Sinn macht der gigantische Warentourismus, der sich hauptsächlich auf deutschen Straßen abspielt. Ökologisch ist er eine Katastrophe und wirtschaftlich sicher auch. Denn Deutschland kann im Grunde fast alle seine Konsumartikel selbst herstellen (das konnte ja bereits die durch Kommunismus und Planwirtschaft gebeutelte DDR). Eine Rückbesinnung auf die Zeiten des deutschen Wirtschaftswunders kann bei dieser Gelegenheit nicht schaden. Also wie war es in den 1960er und 1970er Jahren? Da konnte die alte BRD nahezu alle Produkte (Autos, Fernseher, Textilien, Gebrauchsartikel usw.) bis zur letzten Schraube im eigenen Land herstellen. Nur Rohstoffe mussten importiert werden. Und heute gibt es ein globales, undurchschaubares und unkontrollierbares Hin- und Hergeschiebe, Just-in-Time und ohne Rücksicht auf Verluste.

Eine Anmerkung zum Schluss: In der Zeit von 1950 bis 1980 (der weitgehenden Selbstversorgung) stiegen die inflationsbereinigten Nettoeinkommen im Schnitt um ca. fünf Prozent. Jährlich! Seit 1980 dagegen befinden sich Löhne und Renten im Niedergang. Das zeigt doch wohl, wie schädlich sich die absurde Ex- und Importabhängigkeit ausgewirkt hat. Das gilt nicht nur für uns, sondern auch für die meisten anderen Leidgenossen (EU-Staaten).

In seiner Ausgabe vom 9. Oktober 2020 prophezeit "Der Spiegel" den Briten wegen ihres Brexits eine düstere Zukunft. Man befürchtet in Dover bis zu 100 km lange Staus wegen der kollabierenden Zollabfertigung. Offenbar scheint auch in der Spiegel-Redaktion kaum jemand gewillt, sich in die Situation tiefer hineinzudenken. Nach einer etwas unbequemen Zeit des Wandels wird voraussichtlich die britische Wirtschaft selbständiger werden und sich auf ihre alten Stärken besinnen. Denn auch die Briten können schließlich ihren Konsumbedarf weitgehend unabhängig vom Festland decken. Die langen Lieferketten könnten sich schon bald in Luft auflösen und der wahnsinnig anmutende Außenhandel auf ein sinnvolles Maß schrumpfen. Einzige Voraussetzung für einen gesunden Reform- bzw. Regenerierungsprozess: Die Erhebung von angemessenen Importzöllen an den britischen Außengrenzen.

„Gefördert von der EU ...“

Klarstellung:
Europaweit proklamieren Schilder bei großen Baumaßnahmen "Gefördert von der EU". Um der Europäischen Union ein positives Image zu verpassen. Doch diese einseitige Propaganda verklärt den wahren Sachverhalt. Denn sie lenkt den Blick nur auf die Habenseite, das Positive. Die Sollseite der Bilanz, die Finanzierung dieser Geschenke, wird verschwiegen. Zahlen muss letztlich der anonyme Steuerzahler, der wieder einmal nicht gefragt wird. Das Geld fällt schließlich nicht vom Himmel.

Besonders ärgerlich: Durch die "Förderung" (Subventionierung) werden einmal mehr die Gesetze der Marktwirtschaft ausgeschaltet. Es werden Investitionen getätigt, die unter marktwirtschaftlichen Gesichtspunkten oft völlig indiskutabel wären. Die Förderung trägt also bei zur Geldverschwendung, zum Subventionsbetrug, zur Abgehobenheit. Nicht unerheblich sind bei diesem ganzen Geschachere auch die Kosten für die Bürokratie und umständliche Genehmigungsverfahren. Zum Subventionsmissbrauch trägt auch die Gewissheit bei, dass der weitaus größte Brocken der anfallenden Kosten von anderen

EU-Staaten aufgebracht wird. Das verführt geradewegs dazu, alle Subventionsmöglichkeiten voll auszuschöpfen.

> *„Die Propagandaschilder "Gefördert von der EU" sind pure Augenwischerei. Es ist der anonyme Steuerzahler und nicht der Weihnachtsmann, der die vermeintlichen Wohltaten finanzieren muss."*

„Die EZB ist politisch unabhängig!"

Gegendarstellung:

Schön wär's! Aber wie unabhängig ist die europäische Zentralbank wirklich? Laut ihrem Mandat ist sie nur der Preisstabilität verpflichtet. Aber die Berechnung der Inflation lässt sich leicht durch obskure Regeln manipulieren. Außerdem soll die EZB laut Mandat die Wirtschaftspolitik unterstützen. Da darf ein Staat gern auch Schulden machen, "um mit Geld in Wachstum zu investieren". Und schon hier wird deutlich, dass es mit der politischen Unabhängigkeit nicht so richtig klappen kann, dass diese nur auf dem Papier steht. Ebenso wie die eisernen Statuten und Versprechen bei Einführung des Euro. Sollte nicht von vornherein die direkte oder indirekte Finanzierung der Mitgliedsstaaten ausgeschlossen sein? Was sind die hehren Versprechen von damals heute noch wert? Wurden die Bürger nicht auch in dieser Hinsicht durch falsche Angaben übertölpelt?

Kommen wir zur maßgeblichen Berechnung der Inflationsrate: Die Preise für Vermögenswerte sind extrem gestiegen! Die Marktkapitalisierung europäischer Aktien zum Beispiel wuchs in nur 25 Jahren um sagenhafte 600 Prozent. Und auch bei Immobilien verzeichnen wir in Deutschland Jahr für Jahr abenteuerliche Preissteigerungen – die aber im Preisindex der Inflationsberechnung gar nicht auftauchen. Dort sind zwar Mieten eingebunden, aber nur halbherzig, also verschleiernd. Weil es die beliebten günstigen Wohnungen mit bescheidenem, aber ausreichenden Komfort kaum noch gibt. Intakte Gebäude mit großzügig angelegten Grünflächen aus den 1960er Jahren wurden abgerissen und durch moderne, eng bebaute Wohnanlagen ersetzt. Wollen Mieter in ihrem angestammten Bezirk bleiben, müssen sie häufig das Doppelte berappen wie noch vor wenigen Jahren. Für einen Komfort, den sie gar nicht wollen und den sie sich auch gar nicht leisten können.

Die ganze EZB-Politik ist auf niedrige Inflationsraten ausgerichtet! Weil die angestrebte 2 %-Rate angeblich nicht überschritten wird, erlaubt sie die unmoralische, zerstörerische Null- und Minuszinspolitik. Eine fair berechnete Inflationsrate müsste m. E. seit Jahren bei etwa vier bis fünf Prozent liegen. Bei solchen Sätzen würden viele Euroländer unter der Last ihrer Schuldendienste zusammenbrechen. Selbst der deutsche Staat müsste dann etwa Jahr für Jahr hundert Milliarden Euro mehr für Zinsen aufbringen. Die scheinbar unabhängige EZB hat sich also längst in eine Sackgasse manövriert, aus der sie offenbar nicht mehr herausfindet.

"Wir beschließen etwas, stellen das dann in den Raum und warten einige Zeit ab, was passiert. Wenn es dann kein großes Geschrei gibt und keine Aufstände, weil die meisten gar nicht begreifen, was da beschlossen wurde, dann machen wir weiter – Schritt für Schritt, bis es kein Zurück mehr gibt."
Jean-Claude Juncker

„Die Lösung des Asylproblems scheitert nur an der unsolidarischen Haltung mancher EU-Staaten!"

"Migration gehört zu einer globalen Welt!"
"Wir müssen legale Zufluchtsmöglichkeiten schaffen!"
Gegendarstellung:
Das Bombardement von irregeleiteten Gutmenschen nährt ein hochexplosives Anspruchsdenken. Mit welchem Recht wagen es Demagogen (die für die Folgekosten gar nicht aufkommen können), eine Flucht in kulturfremde Sozialparadiese als pure Selbstverständlichkeit darzustellen? Mit welchem Recht wecken sie Hoffnungen, Verarmte, Behinderte oder Notleidende seien in Europa/Deutschland willkommen und könnten hier ihr Glück finden? Afrika zum Beispiel ist von der Fläche neunmal größer als Europa, verfügt über gigantische Bodenschätze und 54 souveräne Staaten. Es wäre doch absolut arrogant und unverschämt zu behaupten, nicht einer dieser Staaten sei afrikanischen "Flüchtenden" zumutbar.

Kein Wunder also, wenn manche EU-Staaten (die sich der eigenen Bevölkerung verantwortlich fühlen) die Aufnahme von Asylbewerbern aus fernen Kontinenten strikt ablehnen. Dennoch wird den übrigen EU-Bürgern eingeredet, man müsse unbedingt einen Verteilungsschlüssel durchboxen, notfalls sogar sich sträubende EU-Staaten abstrafen (deren Subventionen kürzen).

Dabei liegt die Lösung des Problems keineswegs in einer fairen "Lastenteilung". Vielmehr sind Aufrichtigkeit und Ehrlichkeit angesagt! Man muss Wohlstandsnomaden aus

Afrika oder dem Nahen Osten einfach klarmachen, dass es im beengten, kulturfremden Europa keine Zukunft für sie gibt. Und Deutschland muss endlich von seinem hohen Ross absteigen und "Flüchtenden" nicht mehr Sozialhilfeleistungen zukommen lassen, als es in Frankreich, Griechenland, Italien oder den Niederlanden üblich ist. Eine sechsköpfige Hartz-IV-Familie kommt in Deutschland auf ein Nettoeinkommen von monatlich über 4000 Euro (bei Anrechnung zustehender Sonderhilfen). Bei einem arbeitsfreien Leben und der staatlichen Vollkaskomentalität (Krankenversicherung, Rente usw.) wirkt das doch wie ein Magnet! Es verführt junge Ausländer geradewegs dazu, sich am Aufbau des eigenen Staates nicht zu beteiligen und es sich lieber im deutschen Himmelbett bequem zu machen.

Nochmals: Eine Verteilungsquote löst das Asylproblem nicht. Die EU muss seine Grenzen schützen und auf die Achtung geltender Gesetze bestehen. Notfalls müssen zum Missbrauch einladende Asylgesetze eingeschränkt oder völlig abgeschafft werden. Die EU darf sich nicht von angeblichen "Asylanten" erpressen lassen! Bootsflüchtlinge sollten nicht nach Europa verschleppt, sondern an ihren Ausgangspunkt zurückgebracht werden. Nur so funktioniert Seenotrettung.

"Wir müssen die Fluchtursachen bekämpfen!"

Okay, da bin ich dabei. Das bedeutet aber, dass wir nicht das Geld verplempern, um Einzelnen (die viele tausend Dollar für die Schleusung aufbringen konnten) ein arbeitsfreies Leben im Sozialparadies zu ermöglichen. Und es bringt auch wenig, mit zwei- oder dreistelligen Milliardensummen Menschen, die Christen als verachtenswerte Ungläubige betrachten, zu integrieren versuchen. Denn wir brauchen dieses viele Geld für die Aufstockung der Entwicklungshilfen oder den Aufbau von Handelsorganisationen, die vernünftige Preise für Genussmittel (Kakao, Kaffee, Bananen) und Rohstoffe (Metalle, seltene Erden usw.) zahlen.

"Wir können nicht mehr Ausländer verdauen, das gibt Mord und Totschlag!"
Der ehemalige Bundeskanzler Helmut Schmidt 1981 auf einer DGB-Veranstaltung in Hamburg. Damals war der Ausländeranteil noch weit geringer als heute. Helmut Schmidt behielt Recht: Die Zahl der rechtsextremen und islamistischen Gewalttaten hat tatsächlich zugenommen.

„Wir müssen lediglich die Asylverfahren verkürzen ...“

Klarstellung:

Das ist mal wieder so ein typischer Alibispruch. Denn die Asylverfahren zu beschleunigen bedeutet im Klartext, sich von unserem heutigen Rechtssystem grundlegend zu verabschieden. Heute dauert ein Asylverfahren im Schnitt etwa 20 Monate. Weil die vom Staat bezahlten Anwälte abgewiesener Asylbewerber naturgemäß sämtliche Möglichkeiten ausschöpfen, auf dem langen Instanzenwege doch noch zum Erfolg zu kommen bzw. durch eine Verschleppung der Rechtsverfahren eine Abschiebung unmöglich zu machen. Derzeit sind bundesweit immer noch über 200.000 Asylverfahren anhängig – unsere Gerichte sind mit dieser Prozessflut völlig überfordert (der Rechtsstaat wird dadurch teilweise ausgehebelt). Belohnt wird diese lähmende Strategie, diese qualvolle Zermürbungstaktik, meist mit einem Duldungs- usw. Bleiberecht, das die ganzen Rechtsverfahren zur Farce werden lässt. Zu einer tatsächlichen Abschiebung kommt es eher selten.

> *„Gerade diejenigen, die die rechtlichen Einspruchsmöglichkeiten immer weiter ausgebaut haben, drängen nun scheinheilig auf eine Verkürzung der Verfahren. Ohne zu sagen, wie das in der Praxis funktionieren soll.“*

„Wir müssen unsere europäischen und christlichen Werte verteidigen!“

Mein Kommentar:

Wie arrogant ist das denn? Gibt es keine asiatischen, afrikanischen, amerikanischen oder islamischen Werte, die es zu verteidigen gilt? Warum wollen Menschen aus fremden Kulturen ausgerechnet nach Europa bzw. Deutschland (dem Hort der Ungläubigen und vermeintlichen Rassisten)?

Wie konnte es dazu kommen? Doch nur, weil unsere "Volksvertreter" falsche Signale in die Welt sendeten und senden. Weil bereits Millionen Flüchtlinge aufgenommen wurden und daraus ein Gewohnheits- bzw. Menschenrecht abgeleitet wurde. Und weil immer noch hochrangige Sozialpolitiker uns einreden, wir könnten unsere europäischen und christlichen Werte nur verteidigen, indem wir unsere Grenzen öffnen ("wir wollen ein offenes Europa").

Es sind die ewigen Schuldkomplexe und Zwangsvorstellungen, die durch die täglichen Appelle und Anmahnungen das überzogene Anspruchsdenken salonfähig machten. Die Moral (auch die christliche) wurde damit pervertiert (auf den Kopf gestellt). Nicht mehr der Aufbau der eigenen Heimat steht nunmehr im Vordergrund, sondern die Flucht, die Erstürmung der letzten naiven Sozialparadiese (bis auch diese unbezahlbar werden und kollabieren).

„Wir danken Allah, dass er uns in dieses Land geführt hat!"
Ausspruch von Wohlstandsflüchtlingen, die es nach Deutschland geschafft haben.

„Der Brexit schadet allen!"

Gegendarstellung:

Es ist schon atemberaubend, mit welcher Inbrunst und Selbstsicherheit gestandene Politiker und Journalisten behaupten, der Brexit schade ausnahmslos allen (sowohl in Großbritannien als auch in der Rest-EU). Warum sind diese „Eliten" so überzeugt davon, dass nur der exzessive Ex- und Import zu Wohlstand führt? Gibt es kein Vertrauen mehr in die Leistungsfähigkeit der eigenen Volkswirtschaft? Meint man tatsächlich, ein Staat von der Größe Großbritanniens wäre unfähig, seine TV-Geräte, Haushaltswaren, Autos, Küchengeräte, Büromaschinen, Handys, Textilien und Schuhe selbst herzustellen? Meint man, die Ausbeutung der Arbeitssklaven in den Billiglohnländern sei unabdingbar?

Wie kommt man auf die Idee, auf eine hohe Exportquote, dem zollfreien Zugang zum EU-Binnenmarkt und damit automatisch auch auf weltweit 33 weitere verbindliche Freihandelsabkommen angewiesen zu sein? 80-90 % des Außenhandels erweisen sich nicht nur als überflüssig, sondern auch als schädlich! Bei einem weltweit angeglichenen Lohnniveau würde der Welthandel ganz von allein auf 10 bis 20 % seines heutigen Niveaus schrumpfen!

Ob der Brexit erfolgreich verläuft, hat die britische Regierung jetzt selbst in der Hand. Nutzt sie die Chance, das Land vom innereuropäischen und globalen Lohndumping abzukoppeln? Wird sie eine Re-Industriealisierung einleiten, indem sie dem globalen Vernichtungswettbewerb über behutsam ansteigende Zölle eine Absage erteilt? Weitermachen wie bisher, alte EU-Handelsabkommen durch neue Sondervereinbarungen zu ersetzen, wäre der absolut falsche Weg. Das würde in der Tat wenig bringen, die aufgestauten Probleme nicht lösen.

Katastrophal wäre, wenn sich jetzt die Handlanger des Großkapitals durchsetzen und dem U.K. eine neoliberale Politik aufzwingen (Senkung der Kapitalertragssteuern, Sozialabbau usw.). Mit einer neoliberalen Politik könnte die Kapitallobby nicht nur ihre

Urinstinkte ausleben, sie würde damit auch einen Erfolg des Brexit vereiteln, den Zorn und die Enttäuschung der Briten so richtig anstacheln, die vermeintliche Nützlichkeit der EU und des Zollfreihandels vortäuschen und die wachsende EU-Kritik in ganz Europa im Keim ersticken. Hoffen wir also, dass sich die Kapitallobby diesmal nicht durchsetzt!

Bei einem weltweit angeglichenem Lohnniveau würde der Welthandel ganz von allein auf 10 bis 20 % seines heutigen Niveaus schrumpfen!

„Die Brexit-Liga hatte gelogen!"

Gegendarstellung:

Kostete die EU den Briten 350 Millionen oder nur 100 Millionen Euro wöchentlich? Weil angeblich das Brexit-Lager mit falschen Zahlen argumentierte, forderten die EU-Befürworter eine Wiederholung des Referendums. Ein solches Ansinnen war allerdings schon deshalb lächerlich, weil die mächtige EU-Lobby mit ihrer beispiellosen Angstkampagne weit mehr gesündigt hatte. Doch analysieren wir ruhig einmal die Zahlen! Selbstverständlich darf man nicht nur die direkten britischen Überweisungen an die EU ins Feld führen, es müssen auch die Rückflüsse gegengerechnet werden. Wobei sich aber die Frage der Nützlichkeit dieser Subventionen stellt. Subventionen gelten nicht zu Unrecht als Krebsgeschwür der Marktwirtschaft. Weil sie folgenschwere Fehllenkungen und Fehlinvestitionen hervorrufen. Im ungünstigsten Fall schaden sie weit mehr als sie nutzen. Es gibt da leider ein Wahrnehmungsdefizit: Wenn es um Korruption und Bestechung geht, weiß jedermann um die Folgen dieser Auswüchse. Bei Subventionen aber (die ähnlich kontraproduktive Kräfte freisetzen können) ist dieses Unrechtsbewusstsein nicht vorhanden.

Es wäre töricht, Subventionen blindlings auf der Habenseite zu verbuchen. Denn ihr wahrer Wert ist fragwürdig, nicht einschätzbar. Was dagegen bei einer fairen Bilanzierung bestimmt ins Gewicht fällt sind die enormen Aufwendungen für die Bürokratie, die Aufblähung des Verwaltungsaufwandes bei der Gewährung von Fördermitteln. Niemand kann diese Kosten seriös beziffern. Doch anzunehmen ist, dass allein schon diese Aufwendungen bei den Briten die strittige Summe von 50 Millionen Euro täglich überschreiten. Doch damit sind wir mit der Abrechnung noch lange nicht am Ende. Der überflüssige Warentourismus, den die EU verursacht, schädigt nicht nur nachhaltig die Umwelt des Inselstaates, sie beeinträchtigt auch die Gesundheit der dort lebenden Menschen. Wie will man das alles aufrechnen? – Aber es geht ja noch weiter. Die "internationale Arbeitsteilung" ist im höchsten Maße ineffizient. Sie rechnet sich für die Hersteller nur wegen des extremen Lohn- und Steuergefälles. Die absurden Lohnunterschiede sind es, die verantwortlich sind für die Schließung von zigtausend Fabriken in Großbritannien, verantwortlich sind für die scheinbar unüberwindbare Massenarbeitslosigkeit, die millionenfachen prekären (unterbezahlten) Arbeitsverhältnisse, für sinkende Löhne und Renten und für den absurden, umweltschädigenden Konsumrausch in manchen Bereichen (zum Beispiel bei Textilien). Wer also meint, 50 Millionen Euro an Kosten für die EU seien zu hoch gegriffen, der hat die wahren Dimensionen des EU-Debakels nicht erkannt. Tatsächlich dürfte der Schaden, den die EU in Großbritannien anrichtete, eher bei täglich einer Milliarde Euro liegen.

„Die EU wird sich als größte Torheit der modernen Zeit erweisen!"

In diesem Buch habe ich gewissermaßen als Wachmacher drei Aussagen eingebettet, denen ich voll und ganz zustimme. Die Warnung von der ehemaligen britischen Premierministerin Margot Thatcher ist eine davon. Sie ist so eindeutig und überzeugend, dass mir jeder Kommentar überflüssig scheint. Ich könnte in diesem Zusammenhang lediglich auf mein Buch "RAUS DER EU oder durchhalten bis zum Untergang?" verweisen. Dort wird in aller Ausführlichkeit auf die Irrationalität der EU hingewiesen.

Whatever it takes: Die wundersame Geldvermehrung ...

Haben unsere Finanzpolitiker endlich den Stein der Weisen entdeckt? Können sie Geld in unbegrenzter Menge generieren, ohne dass das Volk aufbegehrt?

Einst träumten Regenten davon, zur Lösung ihrer finanziellen Probleme Gold auf chemischen Wege herstellen zu können. Inzwischen meinen wohl viele Staatenlenker, dieser Traum vom leicht verdienten Geld sei endlich in Erfüllung gegangen. Man brauche doch nur über die Notenbanken ständig neues Geld in den Markt werfen und die sich auftürmenden Staatsschulden über eine aufdiktierte Nullzinsdiät wieder abschmelzen lassen. Das damit gleichzeitig auch die Sparguthaben und Lebensversicherungspolicen der Untertanen sich allmählich entwerten, fällt kaum auf. Und manchen Besitzlosen kommt dieser Mechanismus gar gelegen, werden doch auf diese Weise die beneideten Gutsituierten in die Mangel genommen.

Indes, so einfach ist die Sache nicht. Denn die wirklich Reichen haben ihr Hauptvermögen längst in Aktien und Immobilienfonds angelegt, die wegen der Nullzinspolitik seit Langem hohe Wertsteigerungen erfahren. Die wirklich Begüterten profitieren also von der staatlich inszenierten Billiggeldschwemme. Und der unersättliche Sozialstaat scheinbar auch, ebenso wie die Häuslebauer (supergünstige Hypotheken, steigende Immobilienpreise) und die verschuldeten Unternehmen und Privathaushalte.

Also ist doch alles in Butter? Eine typische Win-win-Situation? Schön wär's! In Wahrheit zahlen am Ende alle drauf. Und die Welt (und vor allem die Eurozone) lebt permanent auf einem Pulverfass, an dem die Lunte längst brennt. Denn die Billiggeldschwemme ist nicht nur vollkommen unmoralisch, sie hat auch verheerende Auswirkungen:

1. Die Billiggeldschwemme schafft Spekulationsblasen (Aktien, Immobilien, Rohstoffe), die jederzeit platzen und zu einem Kollaps der Weltwirtschaft führen können.

2. Die Billiggeldschwemme pervertiert das Leistungsprinzip. Wozu sich beruflich engagieren, wozu Geld sparen, wenn der Staat einen geordneten Vermögensaufbau unmöglich macht und selbst die private Alterssicherung zum Vabanquespiel wird?

3. Die Billiggeldschwemme untergräbt wichtige marktwirtschaftliche Prinzipien. Wenn das Geld (bzw. der Kredit) keinen fairen Preis mehr hat, werden Investitionen getätigt, die unter normalen kaufmännischen Gesichtspunkten völlig unrentabel wären. Außerdem ermöglichen Billigkredite das Überleben von scheintoten Zombieunternehmen. Der notwendige kapitalistische Auslese- und Regenierungsprozess wird eingeschränkt.

4. Die Billiggeldschwemme verspielt das Vertrauen in die Währung und die staatliche Moral/Gerechtigkeit. Von einem Staat, dem man nicht mehr trauen kann, distanzieren sich viele Bürger. Es entsteht eine in weiten Teilen egoistische (lobbyistische) Anspruchsmentalität (der Staat soll alles richten, selbst den Erwerbslosen ein sorgenfreies Leben wie im Paradiese garantieren).

5. Die Billiggeldschwemme verführt Regierungen zum Geldausgeben. Es werden immer neue "Wohltaten" ersonnen (Baukindergeld, Autokaufprämien usw.), um das Wahlvolk bei Laune zu halten. Die sich über Jahrzehnte auftürmenden Wahlgeschenke stellen die christlich-moralischen Werte oftmals auf den Kopf. Zum Beispiel, wenn es Hartz-IV-Familien finanziell besser geht als malochenden Durchschnittsverdienern.

6. Die Billiggeldschwemme weckt weltweit Begehrlichkeiten und verführt zu Völkerwanderungen. Wohlstandsnomaden aus aller Welt muss unser Geldbeschaffungssystem wie ein Wunder, wie Zauberei erscheinen. Weil hier die Geldschöpfung so einfach ist, betrachten nicht nur sie Deutschland als das Sozialamt der Welt, das allen offensteht. Von deutschen Medien wird dieses systemverändernde Anspruchsdenken meistens noch genährt ("Deutschland muss, muss, muss, muss …).

7. Die Billiggeldschwemme nagt unentwegt am vorhandenen Wohlstand. Die Pervertierung der Marktwirtschaft, der gesellschaftlichen und staatlichen Moral, des Leistungsprinzips usw. fordert ihren Tribut. Renten und Erwerbseinkommen sinken, die Massenarbeitslosigkeit weitet sich trotz aller phantasievoller Bilanzierungstricks weiter aus. Ein echtes Produktivitätswachstum ist trotz sensationeller technologischer und wissenschaftlicher Fortschritte nicht mehr wahrnehmbar (tatsächlich schon seit Langem ins Negative abgedriftet).

8. Die Billiggeldschwemme der EZB verführt Euro-Schuldenstaaten zum weiteren Geldausgeben. Denn sie müssen für ihre hohen Schulden nicht mehr wie einst fünf bis zehn Prozent an Zinsen abdrücken, sondern nur noch einen lächerlichen Bruchteil davon. Dank des übersteigerten Vertrauens in die Stabilität Deutschland wird die Bonität der Schuldenstaaten in etwa gleichgesetzt mit der Weltmacht USA, die weit bessere Wirtschaftsdaten aufweisen kann. Wenn ein südeuropäischer Staat nunmehr also jährlich bis zu 100 Milliarden Euro an Zinsen spart, muss das Geld ja irgendwo herkommen. Es ist wohl wenig verwegen zu sagen, dass die Finanzierung für diesen Deal hauptsächlich die deutsche Bevölkerung übernimmt. Sie weiß es bloß nicht und soll es auch gar nicht wissen.

9. "Besonders Deutschland profitiert von der Billiggeldschwemme!". Mit diesem Ammenmärchen wird die deutsche Bevölkerung regelrecht eingelullt. Zwar spart auch der deutsche Staat jährlich 50 bis 100 Milliarden Euro an Zinsen, aber die Kollateralschäden sind um ein Vielfaches höher (schleichende Enteignung der Sparer, Hemmung des Produktivitätswachstums durch Aushebelung der Marktwirtschaft, Trübung der allgemeinen Leistungsbereitschaft, Verschwendung von Steuergeldern usw.).

10. Die Billiggeldschwemme ist quasi nur noch dazu da, das erbarmungslose innereuropäische und globale Lohn-, Konzernsteuer-, Ökologie- und Zolldumpingsystem zu retten. Denn dieses bewährte Ausbeutungsprinzip macht das Großkapital zu den heimlichen Herrschern dieser Welt und degradiert willenlose Regierungen zu Marionetten bzw. Befehlsempfängern.

Wie verantwortungsvoll handeln die Medien?

Sie tun so gut wie nichts. Sie lassen ihre Regierungen gewähren, als gäbe es kein Morgen. Nur hin und wieder gibt es kritische Berichte, die aber von der Öffentlichkeit kaum wahrgenommen werden (denn sie löst ja keinerlei Reaktion aus). Und wenn es dann doch einmal eine Partei gibt, die gegen den Euro, die Nullzinspolitik und Schuldenunion wettert, wird diese Partei auch noch medial niedergemacht und als unwählbar dargestellt.

Es ist mir schier unbegreiflich, wie die Presse und das Fernsehen sehenden Auges den Euro-Wahnsinn dulden, nicht gegen die Billiggeldschwemme aufbegehren und der Bevölkerung das Ausmaß des Unrechts und der nahenden Katastrophe nicht verdeutlichen. Meinen regierungstreue Gesinnungsjournalisten wirklich, es gäbe zum Euro, zur Billiggeldschwemme und Minuszinspolitik keinerlei Alternative? Meinen sie etwa, das ruchlose Hasardeurspiel kann ewig so weitergehen?

Warum arrangieren sich die Medien weitgehend mit der Billiggeldschwemme?
Im Namen der Pressefreiheit müsste es doch eigentlich einen medialen Proteststurm geben gegen die Aufblähung der Zentralbankgeldmenge (eine Versiebenfachung in nur 13 Jahren). Wieso lässt man die EZB-Geldwächter gewähren, wieso dürfen trotz immenser vorhandener Geldbestände, trotz hoher Geldhortung ständig neue Billionensummen in den Euro-Markt gepumpt werden?

Finden unsere zur Aufklärung verpflichteten Medien es nicht merkwürdig, wenn trotz immenser privater Geldhortung die EZB die Zentralbankgeldmenge immer weiter ausweitet, um das Zinsniveau auf widerlichste Art in den Keller zu prügeln. Sehen sie darin keinen Betrug? Finden sie es normal, wenn hochverschuldete Euro-Staaten sich nahezu zinslos
immer neues Geld beschaffen können, selbst wenn sie kurz vor der Pleite stehen? In der Weimarer Republik haben "die Medien" auch den Zerfall der Demokratie nicht verhindert und die sich so fatal auswirkende Geldverknappung nach dem Börsencrash quasi durchgewunken. Nur so kam Hitler an die Macht. Man scheint aus der damaligen Katastrophe wenig gelernt zu haben.

Wer Missstände ignoriert, verniedlicht oder schweigt, ist keine ehrliche Haut. Und er trägt auch nicht zur Lösung von Problemen bei. Im Gegenteil!

Kapitel V

Beispiele beliebter Irreführungen durch falsch gehegte Hoffnungen und unlautere Verheißungen ...

„Der Kluge verspricht und der Dummer freut sich!" Getreu diesem Motto wird auch heute noch Politik betrieben. Wohl wissend, dass im Nachhinein niemand für falsche Prognosen und nicht eingelöste Versprechen verantwortlich gemacht werden kann.

„Deutschland profitiert ganz besonders ..."

von der EU, dem Euro, der Globalisierung, der Zuwanderung usw. Das heißt im Umkehrschluss natürlich (und so wird es auch stets vermittelt), dass es dem Land und seinen Bürgern ohne diese künstlich geschaffenen Absonderheiten viel schlechter ginge.

Die bizarren Verschwörungstheorien ("wehe wenn wir die EU, den Euro, die offenen Grenzen, die Im- und Exportabhängigkeit, die hohe Zuwanderung usw. nicht hätten") begründen sich sachlich nur mit weit hergeholten, fadenscheinigen Argumenten. Das Problem: Wenn offensichtlich verwirrte Seelen Verschwörungstheorien entwickeln, werden sie in de Regel schnell durchschaut. Wenn aber die geballte Macht des Establishments mit all ihren Lobbyisten, Instituten, Verbänden und "Experten" angstschürende Thesen aufstellt, wird deren Wahrheitsgehalt kaum jemals angezweifelt. Die Fakes stützen sich gegenseitig und werden als neue Wahrheit angenommen.

Seit Jahrzehnten sinken in Deutschland die Reallöhne und Renten und es steigen (vor allem die verdeckten) Arbeitslosenzahlen. Und immer noch heißt es, „wir profitieren ganz besonders".

„Deutschland hat kein Schuldenproblem, denn der EZB kann das Geld niemals ausgehen!"

Gegendarstellung:

Theoretisch mag das so sein. Aber doch wohl nur, weil alle moralischen Bedenken über Bord geworfen wurden. Wozu müssen Menschen überhaupt noch arbeiten, wenn doch grenzenlos Geld zum manipulierten Minuszins zur Verfügung steht? Warum soll ein Staat sich angesichts dessen noch weiter "kaputtsparen" (im Gesundheitswesen, bei der Infrastruktur, im Bildungsbereich usw.)? Was wäre also so schlimm daran, würde Deutschland 10 oder 100 Billionen Euro an neuen Schulden aufnehmen? Anhand solch radikaler Überlegungen lässt sich vielleicht veranschaulichen, was hinter der dubiosen, auf Unendlichkeit ausgerichteten Geldpolitik steckt. Letztlich läuft alles langfristig auf eine Inflationierung hinaus. Je mehr Geld sich im Umlauf befindet und je weniger Waren und Werte dem gegenüberstehen, desto höher die Geldentwertung (die natürlich zuvorderst die Sparer und Eigner von Lebensversicherungen und Staatsanleihen trifft). Zur Finanzierung des I. Weltkrieges wurden Bürger zur Aufnahme von Kriegsanleihen genötigt. Nachher war das ganze Geld futsch. Ein Laib Brot kostete Ende 1923 vierhundert Milliarden Reichsmark (1914 waren es noch 0,50 Reichsmark).

Meine Meinung: Solange <u>im Überfluss</u> Spargelder zur Verfügung stehen, dürften Zentralbanken kein neues Geld generieren. Der Staat müsste sich dann über das vorhandene (derzeit brach liegende) Geld verschulden und dafür dann den marktüblichen Zins zahlen (der vielleicht zwei bis drei Prozent über der Inflationsrate liegen würde). Erst bei einer solch seriösen Geldpolitik könnte auch die Wirtschaft sich nachhaltig regenerieren (der hochexplosive Kasinokapitalismus in seine Schranken verwiesen werden).

Das Problem: Angesichts der grenzenlosen Freiheiten, die sich die EZB inzwischen angeeignet hat (indem frühere Versprechen und Beschränkungen einkassiert wurden), meinen tatsächlich viele Spitzenpolitiker in der Eurozone (auch in Deutschland), Geld gäbe es im Überfluss. Zur Überwindung der Coronakrise, der Finanzierung der ewig verschleierten Massenarbeitslosigkeit, der Integration von Zuwanderern – und wahltaktischer Wohltaten (Erhöhung von Kindergeld, Sozialhilfen, Hartz-IV-Sätzen, Baukindergeld, E-Auto-Zuschüsse, Ausweitung der Bürokratie usw.). Das Anspruchsdenken, das sich in weiten Teilen unserer Gesellschaft zunehmend ausgebreitet hat, fußt auf der irrigen Parole "Geld ist doch genug da!". Das wiederum nährt die Unzufriedenheit und das Unverständnis bei abgelehnten Forderungen.

„Staatlich gemanagte Aktienfonds sind die beste Altersvorsorge!"

Gegendarstellung:
In Schweden werden (falls kein Widerspruch erfolgt) 2,5 % des Bruttolohnes für die private Alterssicherung in einem Aktienfond angelegt. Weil das angeblich die höchsten Renditen verspricht (8 % jährlich im langen Durchschnitt). Immerhin ist dem Staat

bewusst, dass aus den guten Zahlen der Vergangenheit keine Garantie für die Zukunft abgeleitet werden kann. Damit die Verrentung des persönlich angesparten Kapitals nicht gerade in einer Phase stark fallender Kurse fällt, wird etwa zehn Jahre vor erreichen den Rentenalters das Guthaben des Betroffenen auf festverzinsliche Sparkonten umgebucht.

So weit, so gut. Das Problem ist nur, dass der seit Jahrzehnten anhaltende Trend boomender Börsen sich jederzeit umkehren kann. Keiner weiß, wie die Kurse von morgen oder übermorgen ausschauen. Der abnorme Hype der Vergangenheit stützte sich auf eine globale konzernfreundliche Politik, die jederzeit revidiert werden kann (eigentlich längst hätte korrigiert werden müssen).

Und daraus begründen sich auch die stärksten Vorbehalte gegen auf Aktien gestützte Renten- und Pensionsfonds: Regierungen sind in ihrer Entscheidungsfreiheit eingeengt, nicht mehr neutral. <u>Sie werden alles tun, um einen Zusammenbruch des aktiengestützten Rentensystems zu vermeiden.</u> Man pampert die Konzerne, schaut weg, wenn diese ihre Gewinne weitgehend in Steueroasen verlagern, man überschlägt sich bei der Gewährung von Subventionen, Sondervergünstigungen usw.

Vor allem aber betreibt man eine kriminell anmutende Nullzinspolitik. Denn wenn das geliehene Geld keinen fairen Preis mehr hat und Sparguthaben über die Inflation schleichend entwertet werden, erhöht sich die Attraktivität der Aktienspekulation. Und zwar gewaltig. Dieses versiffte, unmoralische System führt letztlich zu sinkenden Reallöhnen, treibt die Monopolisierung voran und untergräbt die Prinzipien der sozialen Marktwirtschaft. Privaten oder auch staatlich gelenkten Pensionsfonds kann ich deshalb nichts Gutes abgewinnen, ich sehe sie als eine Art <u>Pakt mit dem Teufel</u>. Der Staat bzw. die Regierung verkaufen ihre Seele (ihre Handlungsfreiheit), um kurzfristige Scheinerfolge präsentieren zu können. Der bittere Preis für diese populistische Anbiederung an die Aktionäre und Aktienkonzerne ist der dauerhafte, schleichende Niedergang eines Landes (bzw. der westlichen Welt). Es scheint, als hätten Fondsbetreiber bzw. Manager oft schon mehr zu sagen als die Regierungen.

„Aber als Exportweltmeister profitieren wir ganz besonders von der Globalisierung ...!"

Richtigstellung:

Auch das ist nur ein dummer Schnack. Man braucht sich ja nur einmal die Basisdaten ansehen. Seit vier Jahrzehnten sinken die Arbeitseinkommen und Renten bei gleichzeitiger Vervielfachung der Arbeitslosenzahlen. Der Negativtrend ist so eindeutig, dass man sich wundern muss, wieso er von der Bevölkerung kaum wahrgenommen wird.

„Durch die internationale Arbeitsteilung kann der Wohlstand erhöht werden!"

Richtigstellung:

Internationale Arbeitsteilung ist die Verklärung des globalen Dumpingwettbewerbs. Denn natürlich ist es überhaupt nicht sinnvoll und kostensenkend, wenn die Einzelteile einer Elektrozahnbürste in verschiedenen Erdteilen produziert und dann an einem zentralen Ort zusammengeschraubt werden.

Kostenvorteile ergeben sich lediglich aus dem globalen Dumpingwettbewerb, also der Ausbeutung der Arbeitnehmer, dem Steuerdumping usw. Der Begriff "internationale Arbeitsteilung" ist die pure Volksverdummung, denn heutzutage könnte man fast alles (ausgenommen Nahrungsmittel) überall und an jedem Ort in der Welt herstellen. Bei der internationalen Arbeitsteilung geht es in Wahrheit also nur um Lohndrückerei und Steuervermeidung. Würde man den Textilarbeiterinnen in Bangladesch zum Beispiel einen Stundenlohn von fünf Euro statt von zwanzig Cent genehmigen, würde die wohlklingende "internationale Arbeitsteilung" schnell als Schwachsinn entlarvt.

„Wir müssen die Welt neu denken!"

Mein Kommentar:

Eine ziemlich platte Phrase, würde ich meinen! Vor allem, wenn sie nicht mit Inhalten und konkreten Konzepten untermauert wird. Flotte Sprüche und Wunschdenken halfen nicht weiter, wenn nur alte Kamellen zum hundertsten und tausendsten Male aufgewärmt werden.

Man muss da schon ans Eingemachte gehen, Missstände und Fehlentwicklungen offen benennen und erläutern – und natürlich gleichzeitig plausible, leicht umsetzbare Problemlösungen vorstellen. Es genügt nicht, leidenschaftlich den intellektuellen Mainstream zu bedienen und den bösen Westen für alles Ungemach zu schelten. Man muss den Ursachen auf den Grund gehen! Man muss erläutern, warum und wie gravierende Systemfehler korrigiert werden müssen. Es gilt, den Finger in die Wunden fataler Vorurteile und Irrlehren zu legen.

"Das Schlimmste ist, wenn mit hohlen Phrasen und verklärendem Wunschdenken von naheliegenden, umsetzbaren Reformen abgelenkt wird."

86

Kapitel VI

Beispiele irreführender Erfolgsmeldungen ...

Sie sind die Krönung der Täuschung. Wer politische Erfolge vermelden kann, der hat fast schon gewonnen. Und aus dieser Erkenntnis heraus blühen und gedeihen vernebelnde Schönfärbereien und statistische Bilanzierungstricks (mit steten, undurchschaubaren Veränderungen der Berechnungsgrundlagen).

„Noch nie gab es so viele Beschäftigte!“

Gegendarstellung:

Wieder einmal so eine typische Verdummungsphrase, die kaum etwas aussagt. Zunächst einmal die Frage: Wer zählt als Beschäftigter? Ist jemand, der nur einige Stunden im Monat arbeitet, ein Beschäftigter? Sind 1-Euro-Jobber, Umschüler, Praktikanten Beschäftigte? Aber das nur nebenbei. Entscheidender ist: Die Bevölkerungszahl Deutschlands war noch nie so hoch wie heute. Wenn entsprechend auch die Zahl der Beschäftigten ansteigt, sollte man daraus nicht gleich ein Wunder oder einen Prestigeerfolg ableiten.

Noch entscheidender ist: Es gibt weniger Kinder, dafür aber mehr Erwachsene im erwerbsfähigen Alter. Und die Frauen, die einst noch (wegen der größeren Kinderschar) am Herd standen und den Haushalt führten, sind in der Regel heute berufstätig.

Zu bedenken ist auch, dass Deutschland sich zunehmend in eine Dienstleistungsgesellschaft verwandelt hat. Was früher in Eigenleistung geschah (Kinderbetreuung, Essenszubereitung, Haushaltsführung, Altenpflege usw.), wird heute vermehrt über Behörden, Firmen und Angestellte abgewickelt. <u>Wir bedienen uns quasi gegenseitig, woraus sich der Eindruck einer hohen Beschäftigung ableitet.</u>

„Aber uns geht es doch allen so gut ...“

Kurzantwort:

Dass es den alten Industrieländern bis zur Coronakrise immer noch recht gut ging, verdankten wir keineswegs der EU oder der Globalisierungsära, sondern der Zeit davor, als es noch durch Importzölle geschützte, intakte Binnenmärkte gab.

Der technische Fortschritt hat dazu geführt, dass heute nicht mehr 50, sondern nur noch zwei Prozent der Bevölkerung in der Landwirtschaft arbeiten müssen und dass im gleichen Ausmaß auch die Produktion anderer Konsumartikel automatisiert wurde. Die

Frage bleibt also, warum nach 1980 der Wohlstand nicht weiter angestiegen, sondern sogar gefallen ist. Außerdem ist es angesichts anhaltender Massenarbeitslosigkeit (schon lange vor der Coronakrise), Leiharbeit und Minijobs mehr als arrogant und ignorant, das Dilemma der Verlierer einfach auszublenden und vom "allgemeinen" Wohlstand zu faseln.

„2019 erwirtschafteten wir in Deutschland einen niedrigeren Wohlstand als 1980 (mit den Uraltmaschinen von damals). Das ist nicht nur ein Armutszeugnis, es ist ein Alarmzeichen."

„Aber wir sind nun einmal besser als die anderen ..."

Widerspruch:
Hochmut kommt vor dem Fall! Manche Leute feiern ihre vermeintliche geistige Überlegenheit bis zum Untergang. Noch immer ist die alte rassistische Herrenrasse-Ideologie nicht totzukriegen, noch immer meinen viele, Deutschland wäre wirtschaftlich anderen Ländern überlegen ("Exportweltmeister").

Wie kann ein intelligenter Mensch ernsthaft annehmen, unser technologischer Vorsprung in den verbliebenen Paradedisziplinen sei auf Dauer festgeschrieben? Wie kann man anderen Völkern unterstellen, sie könnten nur kopieren oder auswendig lernen und seien zur Entwicklung neuer innovativer Produkte unfähig? Wer China als verlängerte Werkbank sieht und Deutschland als Ideenschmiede, der hat meines Erachtens ein akutes Wahrnehmungsproblem.

Mit vielen Anstrengungen und Subventionen wurden in Deutschland schon oft zukunftsweisende Schlüsseltechnologien entwickelt, zum Beispiel eine Solarindustrie aufgebaut. Im gnadenlosen globalen Verdrängungswettbewerb zählt aber am Ende nur der Preis. Und da kann Deutschland aufgrund seines offenen Sozialstaates und der wuchernden Bürokratie (was auch eine Folge der EU ist) auf Dauer niemals mithalten.

Die Perversion des Leistungsdrucks: Dürfen nur die Besten überleben?
Das globale Lohn-, Konzernsteuer-, Öko-, Zoll- und Zinsdumping zwingt unser Land zu permanenten Höchstleistungen. Wegen seiner teuren Kostenstruktur kann Deutschland im internationalen Verdrängungswettbewerb nur bestehen, wenn es "Weltklasse" ist, alle anderen überflügelt und absolute Spitzenprodukte abliefert. Das bedeutet: Ständiger Leistungsdruck für alle Schüler, Studenten und Erwerbstätigen! Lernen und arbei-

ten bis zur Erschöpfung! Obwohl doch der stete technologische Fortschritt eigentlich zur Verbesserung der Lebensumstände beitragen müsste. Statt weniger Stress und mehr Freizeit verläuft die Spirale aber genau andersherum. Wann steigen wir endlich aus aus dem globalen Dumpingsystem, wann verlassen wir den ausbeuterischen Teufelskreis? Wann "erlauben" unsere Medien und Volksvertreter wieder Maßnahmen, die unsere Bürger aus dem unwürdigen Hamsterrad-Käfig befreien?

„Wenn man fast alles falsch macht, wenn man überheblich und belehrungsresistent wird und an alten konzernfreundlichen Ideologien stur festhält, ist der weitere Niedergang vorprogrammiert."

„Aber anderen Industriestaaten geht es doch viel schlechter als uns!"

Gegendarstellung:
"Wie kommt es, dass es Deutschland im Vergleich zu den meisten anderen Industriestaaten noch recht gut geht?" Diesen vernebelnden Alibisatz höre ich leider allzuoft. Die Antwort: Wirtschaft, Politik & Medien haben es geschafft, nahezu weltweit das kontraproduktive Lohn-, Konzernsteuer-, Ökologie-, Zins- und Zolldumpingsystem als alternativlos darzustellen. Somit gibt es keine echten Vorbilder, alle Staaten erliegen der fatalen Globalisierungsideologie! Außerdem leiden andere Länder meist noch mehr unter der Korruption, der Vetternwirtschaft, dem Bürokratismus, einer uneffektiven Verwaltung, behördlicher Willkür und mafiösen Strukturen. Natürlich spielt zusätzlich noch die über Jahrhunderte gewachsene Leistungsbereitschaft, die Gewissenhaftigkeit und der Arbeitseifer der Bevölkerung eine entscheidende Rolle. Dass sich beide Elternteile neben ihrer Hausarbeit und Kindererziehung bis zur Erschöpfung abrackern, ist keineswegs Weltstandard. Wobei zu berücksichtigen gilt, dass schon klimabedingt südliche Länder (heiße Zonen) benachteiligt sind (bei schlechtem bzw. kühlem Wetter arbeitet es sich halt besser als bei sengender Hitze). Ich bleibe dabei: Würden die krassen Grundsatzfehler in Deutschland behoben, würden die Bundesbürger zumindest das Doppelte verdienen und bräuchten keine ständige Angst vor einer Entlassung/Arbeitslosigkeit oder gar einem Kollaps des EZB/Euro-Finanzsystems haben.

„Der an Überheblichkeit kaum zu überbietende Vergleich mit anderen Ländern macht offenbar blind. Soll auf diese billige Tour vom eigenen Versagen abgelenkt werden?"

„Unser hohes Bildungsniveau sichert uns unsere Überlegenheit ...“

Einspruch: Nachdem nun von den ca. 20 in Deutschland einst blühenden Industriebranchen nur noch drei verblieben sind (Automobilbau, Maschinenbau, Chemie), glauben viele Ignoranten immer noch, ihre überholte Herrenrasse-Ideologie ausleben zu können. Sie meinen tatsächlich, die deutschen Ingenieure seien anderen bildungsmäßig und intellektuell derart überlegen, dass der technologische Vorsprung in den drei verbliebenen Paradedisziplinen ewig fortbestehen wird. Wann wachen diese Träumer endlich auf? Auch viele Politiker schüren diese seltsame Abgehobenheit. Seit Jahrzehnten fordern sie noch mehr Geld für die Bildung – als ob man mit Geld allein Normalbegabte zu Eliten oder gar Genies umformen kann.

Was gerne übersehen wird: Bildung ist ein erheblicher Kostenfaktor. Es ist eine Fehlentwicklung, wenn zu viele Akadamiker ausgebildet werden, die anschließend keinen vernünftigen Job finden, sich im Niedriglohnsektor verdingen oder umgeschult werden müssen bzw. wegen mangelnder Perspektiven gar ins Ausland abwandern. Im Zusammenhang mit offenen Grenzen, der Niederlassungsfreiheit innerhalb der EU und der Verlagerung von Fabriken ins Ausland entsteht eine ungesunde Zweiklassengesellschaft. In herkömmlichen Arbeitsbereichen triumphiert das Lohndumping, was den überzogenen Trend zum Studium weiter anheizt. Es ist meines Erachtens eine falsche Philosophie zu glauben, vermeintlich niedere Arbeiten könnten Billiglöhner im oder aus dem Ausland erledigen und wir Herrenmenschen konzentrieren uns auf die elitären Jobs. Denn das führt am Ende dazu, dass ein Drittel der erwerbsfähigen Bevölkerung aus dem normalen Berufsleben ausgemustert wird (siehe Seite 26) und der Leistungsdruck in unserer Gesellschaft stetig zunimmt.

> *„Es ist rassistisch zu glauben, unsere Erwerbstätigen und Eliten seien fähiger als die in anderen Staaten. Es ist auch unfair, unserer malochenden Bevölkerung immer mehr leistungsmäßig abzuverlangen. In einem zollfreien Wirtschaftsraum zählen am Ende nur die Kosten. Und daran scheitert letztlich jeder "weltoffene" Sozialstaat. “*

„Seit der industriellen Revolution vor 200 Jahren sind die Löhne explodiert!“

Richtigstellung: Zwar stimmt diese Aussage natürlich, aber dennoch ist sie bös irreführend. Und ablenkend! Weil man die Errungenschaften des technologischen Fortschritts nutzt, um die Misserfolge der modernen Globalisierung (des weltweiten Lohn-, Konzern-steuer-, Ökologie-, Zins- und Zolldumpings) zu vertuschen. Denn nur bis zum Ende der 1970er Jahre gab es in Deutschland einen rasanten Wohlstandsanstieg, danach ging es nur noch bergab. Interessierte Kreise versuchen mit allen Mitteln, den kontinuierlichen Niedergang der letzten vier Jahrzehnte zu verschleiern. Weil der nämlich ihre bizarren Ideologien (EU, Euro, Multikulti-Vielvölkerstaat, Zollfreihandel, Nullzinspolitik usw.) als Irrlehren überführt.

Wer Leute so richtig veräppeln will, braucht nur mit der Zeitschiene zu jonglieren. Der Abwärtstrend der letzten vier Jahrzehnte lässt sich durch vorangegangene Erfolge auf billige Tour vertuschen.

„Seit 1980 ist die Kaufkraft in Deutschland um 44 % gestiegen ...“

Gegendarstellung:
Die obige Behauptung entdeckte ich im Nachrichtenmagazin "Der Spiegel", Heft 5/ 2019. Sie erschien unter der Kolumne "Früher war alles schlechter". Einer Kolumne, der ich noch nie viel abgewinnen konnte (ich betrachte diese Aufklärungsversuche mehr als Witz, Satire oder Provokation – je nachdem).

Aber zurück zur Spiegelgrafik, die das Wohlgefühl einer wachsenden Kaufkraftparität vermitteln soll. Immerhin wird daraus ersichtlich, dass in den 30 Jahren von 1950 bis 1980 die inflationsbereinigten Bruttolöhne um 250 % (also auf das Dreieinhalbfache), in den 37 Jahren danach (von 1981 bis 2017) aber nur noch um bescheidene 44 % gestiegen sind. Begründet wird der dramatisch gesunkene Zugewinn mit einem „langsa-meren technologischen Wandel“.

Eine solch kühne Interpretation scheint mir indes suspekt. Denn gerade die Automa-tisierung, die rasante Entwicklung der Computer und Mikroprozessoren haben seit 1980 zu einer produktionstechnischen Revolution geführt. Auch stört mich an dem Artikel, dass überhaupt von Bruttolöhnen die Rede ist. Wen interessieren die? Entscheidend ist doch, was netto übrig bleibt! Zudem beschränkt sich die Statistik auf Vollzeitarbeit-nehmer. Damit bleibt das wachsende Heer der prekär beschäftigten Teilzeitler, Freiberuf-ler und Subunternehmer unberücksichtigt.

Das statistische Bundesamt ermittelte übrigens für den 24-jährigen Zeitraum von 1992 bis 2015 eine reale Nettolohnsteigerung von insgesamt gerade einmal 2,5 %. Dieser Wert spiegelt die traurige Wahrheit meines Erachtens schon besser wieder. Aber selbst dieses mickrige Wachstum berücksichtigt nicht die stark gestiegene Qualifikation der Durchschnittsverdiener. Es wird inzwischen viel mehr Geld und Zeit in die Bildung und Fortbildung investiert (womit sich auch die effektive Lebensarbeitszeit verringert). Bezieht man alle Veränderungen seit 1980 mit ein (zum Beispiel auch die gesunkenen Rentenansprüche) und stellt seriöse berufsspezifische Vergleiche an (vergleicht also nicht den Handwerker von damals mit dem Akademiker von heute), ergibt sich ein durchschnittlicher Reallohnverlust von ca. 15 %. Es war früher also nicht wirklich alles schlechter. Aber "früher" ist ja auch ein dehnbarer Begriff.

Nachtrag: Im Heft 12/2019 veröffentlicht DER SPIEGEL das Ergebnis einer Bertelsmann-Studie über die Einkommensentwicklung der Männer. Demnach hatten hochqualifizierte Männer in Deutschland 1976 ein monatliches verfügbares Einkommen von 3706 Euro, 2013 waren es dann 3849 Euro (beides umgerechnet zu Preisen von 2015). Das entspricht also einem läppischen Zugewinn von nicht einmal 3,9 % in 37 Jahren. Wobei zu berücksichtigen ist: Von 1976 bis 1980 gab es noch kräftige Steigerungen. Erst danach setzte der Abstieg ein. 1980 war also des Einkommen höher als 2013 (bzw. heute). Gering qualifizierte Männer traf es noch ärger. Deren verfügbares Einkommen sank von 1976 bis 2013 von 1609 auf 1460 Euro.

„Seit 2005 sind die Arbeitslosenzahlen stark gesunken ...“

Gegendarstellung:
Zunächst einmal: Die hohen Arbeitslosenzahlen 2004 waren eine kurzfristige Ausnahmeerscheinung, die auch mit der Einführung der Agenda 2010 zusammenhing. Und der vermeintliche Erfolg danach beruht im Wesentlichen auf die Perfektionierung der Bilanzkosmetik. Es wurden viele Instrumente geschaffen, um die Besorgnis erregenden Zahlen zu senken (ABM-Maßnahmen, Ein-Euro-Jobs, Frühverrentung, Altersteilzeit, Ausrangierung der über 58-Jährigen usw.). Inzwischen hat sich die verdeckte Arbeitslosigkeit dermaßen ausgebreitet, dass die offiziellen Zahlen kaum noch einen Aussagewert besitzen.

Ein weiterer gravierender Faktor für den Beschäftigungsanstieg war die Billiggeldschwemme und Nullzinspolitik ab 2010. Unter solch abstrusen Bedingungen Beschäftigung zu generieren ist nun wirklich kein Kunststück.

Mit Corona wiederum sieht die Welt noch düsterer aus. Da wird, anders als in vielen anderen Ländern (mit denen man sich gerne vergleicht), das Millionenheer der Kurzarbeiter gar nicht erst miteingerechnet. Ich kann verstehen, dass man die Stimmung im Lande durch Horrorzahlen nicht trüben will. Wenn man sich aber völlig von der Realität entfernt, geben Zahlen kaum noch Sinn, sie sagen dann zu wenig aus über den wahren Zustand der Wirtschaft.

„Die deutsche Wirtschaft brummt. Seit 2009 ist sie um satte elf Prozent gewachsen!"

Mein Kommentar:

Darf man ein derart mickriges Wachstum wirklich als Erfolg verbuchen? Es ist doch beschämend, wenn eine reife Volkswirtschaft trotz aller genialer produktiver Fortschritte jährlich nur noch um ein bis eineinhalb Prozent wächst (zu Adenauers Zeiten waren es etwa acht Prozent).

Worauf ich aber eigentlich hinaus will: Unser heutiges Wachstum ist kontraproduktiv, weil am Ende die realen Nettolöhne und Renten sogar sinken. Denn das Wirtschaftswachstum spielt sich oft in lähmenden Bereichen ab. Die Aufblähung der Bürokratie zum Beispiel lässt zwar das BIP (Bruttoinlandsprodukts) ansteigen, aber sie verursacht teure Folgekosten, wirkt wie eine hinderliche ABM-Maßnahme und hemmt die Produktivität.

Die größte Wandlung vollzog sich allerdings im Dienstleistungssektor. Viele der Tätigkeiten, die einst die "Hausfrau" ohne buchhalterische Abrechnung erledigte, werden heute von Dienstleistern übernommen (Kinderbetreuung, Altenpflege, Haushaltshilfen, Restauration usw.). Durch diese Auslagerung der Arbeit in den Geschäftsbereich werden zunehmend Umsätze generiert, die früher gar nicht erfasst wurden. Somit kann man ein wachsendes BIP vorweisen, selbst wenn die Kaufkraft insgesamt abnimmt.

Eine weitere Scheinblüte ergibt sich durch die stete Bevölkerungszunahme aufgrund der Zuwanderung. Hierbei fallen zudem viele Tätigkeiten an, die das trügerische Wirtschaftswachstum weiter aufblähen. Man braucht für die Neubürger neben der üblichen Versorgung zusätzlich noch Integrationsbeauftragte, Dolmetscher, Juristen, Sprachlehrer, Sachbearbeiter, Betreuer usw.).

Fazit: Unser lächerliches Wirtschaftswachstum vertuscht die wahren Verhältnisse! Es hat daher keine echte Aussagekraft und kann höchstens als verklärende Beruhigungspille dienen. Wenn wir uns alle gegenseitig die Haare schneiden, bekochen oder immer mehr Geld in die Werbung, Bürokratisierung oder juristische Instanzenwege stecken, können wir zwar die abgerechnete Wirtschaftsleistung immer weiter hochjubeln – aber es führt zu nichts. Es beschleunigt lediglich den Niedergang, weil es unproduktiv ist, bestehende

Fehlentwicklungen kaschiert und somit den notwendigen Wandel verhindert.

„Selbst das lächerlich niedrige Wirtschaftswachstum wird genutzt, um die Bevölkerung in Sicherheit zu wiegen.“

„Der Erfolg misst sich an der Handelsbilanz – jährlich 200 bis 300 Milliarden Überschuss!“

Gegendarstellung:

Aber gibt es die sagenhaften Handelsbilanzüberschüsse überhaupt? Deutschlands hoher Leistungs- und Handesbilanzüberschuss scheint mir äußerst suspekt. Schon wegen der Besteuerung kommt es zu weitreichenden "Schummeleien" (weil bei Exporten Mehrwertsteuererstattungen winken, während umgekehrt Importe verzollt und versteuert werden müssen). Auf dieser Basis werden Exporte gerne erfunden (die es gar nicht gibt) und Importe kleingerechnet. Zu denken gibt auch, dass der (vermeintliche) jährliche Handelsbilanzüberschuss in Höhe von über 200 Milliarden Euro auf Dauer keine globalen Verwerfungen zeigt. Wo bleibt das viele Geld – und vor allem, was hat die Bevölkerung davon? Wegen der gigantischen Handelsbilanzüberschüsse gilt Deutschland als Buhmann der EU bzw. der Welt, den man immer wieder attackieren und in die Pflicht nehmen darf!

Aber: Wer dem hohen deutschen Handelsbilanzüberschuss vertraut, der glaubt vermutlich auch noch an den Weihnachtsmann oder meint, in unserem Land gäbe es keine Schwarzarbeit (weil sie verboten ist). Falls es tatsächlich einen hohen (und damit ungesunden) Handels- bzw. Leistungsbilanzüberschuss geben sollte, könnte Deutschland das Problem auf ganz elegante Art lösen: <u>Man bräuchte nur die Mehrwertsteuerbefreiung bei Exporten aufheben oder verringern.</u> Das würde eine echte Solidarität mit unseren Nachbarländern beweisen und zudem noch unsere Staatsfinanzen sanieren. Gleichzeitig wäre der Mehrwertsteuerbetrug über Karussellgeschäfte damit weitgehend unterbunden. Allein dieser Betrugsaspekt dürfte dem deutschen Fiskus mindestens 40 Milliarden Euro jährlich einbringen (und für mehr Gerechtigkeit im wirtschaftlichen Wettbewerb sorgen).

„Der Arbeitsmarkt profitiert vom verstärkten Welthandel!“

„Viele Menschen finden einen Arbeitsplatz im Ausland.“

Richtigstellung:
Verlogener geht's kaum noch. Es gibt schließlich Zahlen und Statistiken, die genau das Gegenteil beweisen. Lange Zeit hatten wir in Deutschland eine Vollbeschäftigung, erst mit zunehmender Globalisierung wandelte sich diese Vollbeschäftigung in eine Massenarbeitslosigkeit (Anstieg von 150.000 auf zwei bis drei Millionen offizielle Arbeitslose). Trotz immenser Subventionen, Konjunkturpakete, Frühverrentungen und ausgedehnten Ausbildungszeiten (Generation Praktikum) gelang es in den letzten 40 Jahren nicht, die Grundsatzprobleme zu lösen. Weil man eben als Hochlohnland beim globalen Lohndumping nur noch in bestimmten Bereichen und Branchen eine Chance hat.

Die nachgeschobene Erklärung, "viele Menschen finden einen Arbeitsplatz im Ausland", erweist sich als Eigentor. Fakt ist: Unsere Eliten wandern wegen schlechter Aufstiegschancen und oft bescheidener Reallöhne (hohe Abgabenlast) ins Ausland ab, während Armutsflüchtlinge aus aller Welt ihr Heil in unserem Sozialstaat suchen. Was daran positiv sein soll, möge mir doch jemand genauer erklären.

„Die Billiggeldschwemme forciert Investitionen!"

Gegendarstellung:
Mit derlei Beschwörungsformeln wird die Billiggeldschwemme und Nullzinspolitik sogar noch geadelt! Dabei wird leider nicht hinterfragt, welche Investitionen mit der "Whatever-it-takes"-Geldpolitik überhaupt angekurbelt werden.

Dazu ein Beispiel aus meiner Heimatstadt Flensburg. Hier entwickelte sich letztens ein heftiger Streit, weil in der Innenstadt ein kleiner Wald gerodet wurde, um einen teuren Hotelkomplex hochzuziehen (für 50 Millionen Euro). Dabei gibt es bereits in Flensburg ein Überangebot an Hotelbetten, viele Hoteliers stehen vor dem Ruin. Es geht also nicht darum, dass Flensburg unbedingt neue Bettenkapazitäten braucht, es geht offenbar nur um eine halbwegs sichere Geldanlage. Aus purer Not, weil durch die staatlich genehmigte Nullzins-EZB-Politik brach liegendes Geld der schleichenden Vernichtung preisgegeben ist. Anleger versuchen krampfhaft, ihr gehortetes Vermögen zu retten. Das ist verständlich. Aus gleichen Beweggründen entstanden in Flensburg bereits überflüssige, überdimensionierte Einkaufspassagen mit hohen Leerständen. Auch hier wurde am Bedarf vorbei gebaut/investiert. Man stellt sich doch eh die Frage, wieso die Ladenverkaufsflächen ständig ausgeweitet werden müssen, wo doch die allgemeine Kaufkraft seit 1980 sinkt. Das ist nicht nur volkswirtschaftlich betrachtet ein Unding, es ist auch ökologisch eine Katastrophe. Am Ende läuft alles auf einen verschärften, kontraproduktiven Verdrängungswettbewerb mit hohen Leerständen hinaus.

Fazit: Kredite brauchen einen fairen Preis! Nur wenn das Borgen von Geld auch wirklich etwas kostet, werden generell Investitionen getätigt, die nachhaltig und volkswirtschaftlich sinnvoll sind. Die Null- und Negativzinspolitik hat die Rentabilitätsparameter völlig verschoben und damit das seriöse Renditeprinzip pervertiert. Die Billiggeldschwemme ruiniert letztlich unser marktwirtschaftliches System. Wenn seriöse Bankeinlagen und Staatsanleihen hohe Wertverluste bescheren und Kredite zum Spottpreis zu haben sind, entwickelt sich eine unselige Geister- bzw. Kasinowirtschaft. Die macht vielleicht einige Spekulanten reich, zerstört aber letztlich die Grundfeste eines fairen Wettbewerbs.

„Wäre wie 1923 die Ausweitung der Geldmenge für den Laien deutlich sichtbar, würde das Vertrauen in den Euro schwinden und die Inflation zu galoppieren beginnen."

„Wegen der Flüchtlingskrise hat nicht ein einziger Deutscher auch nur 1 Brötchen weniger kaufen können!"

Gegendarstellung:

Soll das etwa heißen, dass uns die Flüchtlinge überhaupt nichts kosten, dass sie sich weitgehend selbst versorgen müssen wie in der Türkei (die uns immer wieder als leuchtendes Vorbild präsentiert wird, weil sie drei Millionen Flüchtlinge aufgenommen hat). Unsere Flüchtlinge kosten uns pro Jahr schätzungsweise* 40 Milliarden Euro. Wenn man diesen Betrag unbedingt in Brötchen umrechnen will, kommt man auf eine Summe von 120 Milliarden Stück. Auf den einzelnen Bundesbürger umgerechnet ergibt sich eine Zahl von jährlich 1500 Brötchen. Bei einer vierköpfigen Familie sprechen wir dann bereits von 6000 Stück. Meinen die naiven Brötchenrechner vielleicht, die Kosten von 40 Milliarden Euro jährlich fallen nicht wirklich an? Meinen sie, das Geld fällt vom Himmel oder braucht doch nur von der Zentralbank "gedruckt" (generiert) zu werden?

*PS: Bei den 40 Milliarden Euro handelt es sich um einen niedrigen Schätzwert, weil konkrete Zahlen nicht vorliegen bzw. nicht veröffentlicht werden. Die vielfältigen Kosten werden aus verschiedenen Töpfen bedient (Bund, Länder, Kommunen, Sozialversicherungen usw.), so dass eine klare Bilanz oder Kontrolle kaum möglich ist. Um den Dunstkreis der Verschleierung aufzulösen fordere ich deshalb schon lange eine Bundeszentralstelle mit festem Haushalt, die alle Aufwendungen für Zuwanderer begleichen muss.

„Es macht wenig Sinn, bei heiklen Themen die Augen zu verschließen und Unwahrheiten zu verbreiten. Damit kommt man auf Dauer nicht durch. Man schürt damit nur den Volkszorn und die Politik-verdrossenheit."

„Deutschland ist ökonomisch schon wieder aus der Coronakrise raus!"

Gegendarstellung: Diese Verkündigung unseres Finanzministers Olaf Scholz am 7. April 2021 kann man wohl nur als Propaganda bzw. Gesundbetung betrachten. Die Gastronomie, der Einzelhandel, Tourismus, die Kulturszene usw. befinden sich noch immer im Lockdown, die Steuereinnahmen brechen weg, die Finanzierung des Stillstands, der Massenarbeitslosigkeit und Kurzarbeit wird zunehmend abenteuerlicher – und in einer solch heiklen Lage werden die Sirenen auf Entwarnung geschaltet? Einfach unglaublich!

Die Coronakrise kann erst dann als überwunden betrachtet werden, wenn die EZB nicht mehr rechtswidrig Staatsanleihen aufkaufen muss und die marktfeindliche Nullzinspolitik beendet wurde. Und wenn die trickreich aufgeschobene Pleitewelle überstanden ist und die Staatsschulden auf ein Normalmaß zurückgefahren wurden. Solange das aber nicht der Fall ist, leben wir auf einem Pulverfass. Denn sobald die Leitzinsen wieder auf ein faires, marktkonformes Niveau angehoben werden, stürzen künstlich gehypte Vermögenswerte wie Aktien und Immobilien ab. Und dieses Platzen der Seifenblasen führt höchstwahrscheinlich zu einer neuerlichen Weltwirtschaftskrise. Durch die zerstörerisch wirkende Nullzinspolitik befinden sich viele Staaten in der Zwickmühle: Die Billiggeldschwemme führt auf Dauer in den Abgrund, bei einer Anhebung der Leitzinsen droht aber ebenfalls Ungemach. Retten kann uns eigentlich nur noch eine verantwortungsvolle Haushaltspolitik (Abbau von übertriebenen Sozialleistungen und überbordender Bürokratie), eine behutsame Anhebung der Leitzinsen und eine Abkehr der Staatsfinanzierung über die Notenbanken. Aber das alles sind unpopuläre Maßnahmen und bedingt eigentlich den Austritt aus der EU. Da legt man doch lieber die Hände in den Schoß, verkündet unlautere Erfolge und spekuliert darauf, dass alles schon gut gehen werde.

„Die seit zehn Jahren praktizierte Nullzinspolitik zeigt, dass bislang noch nicht einmal die Finanzkrise 2008 überwunden wurde."

Die folgenschwere Unterwanderung unserer Demokratie ...

Leben wir schon lange in einer Mainstream-Demokratie, in der die Menschen über den Gesinnungsjournalismus zu folgsamen Jasagern umerzogen werden?

Bilden die etablierten Parteien eine Art Einheitsliste?
Wodrin unterscheiden sich eigentlich die CDU/CSU, die SPD, die FDP und die Grünen? Sind sie sich in den entscheidenden Fragen nicht alle weitgehend einig? Haben sie nicht alle die Abschaffung der DM, die Einführung des Euro, die Nullzinspolitik, die Billiggeldschwemme, die Ermächtigung der EU, eine antinationale Politik, die Umformung zum Vielvölkerstaat und den ruinösen Zollfreihandel mit Kräften unterstützt oder zumindest geduldet? Wurde unsere Bevölkerung damit nicht dem ruinösen innereuropäischen und globalen Lohn-, Konzernsteuer- und Zinsdumping ausgesetzt?

Ich denke ja, in den wirklich wichtigen Grundsatzfragen haben sich die etablierten Parteien kaum unterschieden. Echte Auseinandersetzungen gab es nur auf Nebenschauplätzen wie etwa bei der Höhe des Mindestlohnes, der Ausweitung der Sozialhilfen, der Restlaufzeit der Atomkraftwerke, dem Tempo bei der Zuwanderung usw. Aber bei diesen nachrangigen Themen geht es meistens nur um eine Art Schadensbegrenzung, die die Folgeerscheinungen einer falschen Grundsatzpolitik abfedern soll.

Der politische Gegner, die böse Populist ...
Schon immer hieß es, rechts neben der CDU/CSU dürfe sich keine Partei etablieren. Das war über Jahrzehnte auch nicht nötig, als die CDU und die CSU tatsächlich noch als Parteien der Mitte angesehen werden konnten. Im Laufe der Jahrzehnte hat sich deren politische Ausrichtung aber stark gewandelt. CDU/CSU sind zusehends nach links abgedriftet. Vermutlich um ihrer Hauptkonkurrenz, der SPD, das Wasser abzugraben. Dieses Konzept ist zwar aufgegangen – aber damit haben sich CDU/CSU quasi von ihren Stammwählern weit entfernt – durch ihren Linksruck eröffnete sich von der politischen Mitte bis zum rechten Flügel eine große Leere. Etwa die Hälfte der Bevölkerung hatte somit keine politische Heimat mehr, sie wurde im Bundestag nicht wirklich repräsentiert. Diese 2. Hälfte der Bevölkerung wählte zwar größtenteils weiterhin die CDU/CSU. Aber eher aus Verzweiflung und aus Mangel an einer Alternative. Dieses Manko versuchte man zu übertünchen, indem man die nationalfeindliche Linkslastigkeit zur neuen "modernen" Mitte ausrief und von einer pluralistisch humanen Gesellschaft schwafelte (was immer das auch sein sollte).

Mit dem Einzug der AfD hat sich diese Situation grundlegend geändert. Plötzlich gab es wieder eine Partei, die die konservativen Werte der Konrad-Adenauer-Ära repräsentierte. Um zu verhindern, dass die AfD zur neuen Volkspartei avancierte, wurde unablässig gegen sie geätzt, Hass geschürt und Hetze betrieben. Mit dem Ziel, diese unliebsame Konkurrenz als rechte Gefahr und als unwählbar darzustellen. Jeder verbale Ausrutscher eines Parteimitglieds wurde fortan mit viel Tamtam aufgebauscht, selbst vor Rufmord schreckte man nicht zurück. Der Bürger sollte die AfD als antidemokratisch, geschichtsvergessen, antisemitisch und fremdenfeindlich wahrnehmen. Und in glückseliger Einigkeit des Establishments wurde dieses Ziel im Großen und Ganzen auch erreicht. Blickt man auf die lange Geschichte der Bundesrepublik zurück, so muss man feststellen, dass mit vereinten Kräften bislang jede Partei rechts neben der CDU/CSU zermalmt wurde.

Die Rolle der Medien …
Die schleichende Umerziehung der Bevölkerung konnten die maßgeblichen Politiker natürlich nicht im Alleingang vollziehen. Sie brauchten die Unterstützung der Medien, vor allem der öffentlich rechtlichen Fernsehanstalten. Es entwickelte sich im Laufe der Zeit ein Gesinnungsjournalismus, der penetrant die heimliche Umformung der Gesellschaft unterstützte.

Meines Erachtens leben wir schon lange in einer herangezüchteten Mainstream-Demokratie. Professionelle Meinungsbildner geben vor, was die Bürger zu denken haben. Wer den Vorgaben nicht folgt, wird ausgebuht, verleumdet und in die rechte Schmuddelecke gestoßen. Natürlich leben wir in Deutschland immer noch in einer vergleichsweise komfortablen Demokratie mit weitgehender Meinungsfreiheit. Aber das hat die oft ungewollte Veränderung/Umerziehung unserer Gesellschaft nicht aufgehalten. Unsere Demokratie hat sich gehörig gewandelt. Ich halte sie schon lange nicht mehr für repräsentativ, sondern sehe sie in einer fatalen Abhängigkeit von mächtigen Lobbyisten und einer aufdringlichen, einseitigen Staatspropaganda.

Der Gesinnungsjournalismus verhindert eine objektive Sicht politischer Entscheidungen und Eigenmächtigkeiten. Die Coronakrise wird hoffentlich ein Denken hervorbringen, dem so manche Vorurteile und Irrlehren zum Opfer fallen.

Kapitel VII

Beispiele beliebter Irreführungen bezüglich der Umwelt und des Klimaschutzes ...

Der Umweltschutz erweist sich als Spielwiese der Scharlatane. Da wird getrickst, geschummelt, gelogen und veräppelt. Manche vermeintliche Weltenretter maßen sich an, die Deutungshoheit zu besitzen. Dabei sind ihre Konzepte selten konsequent durchdacht, weil sie Tabuthemen (zum Beispiel das rasante Bevölkerungswachstum) umschiffen und Forderungen stellen, die einfach nicht durchdacht sind (die daraus resultierenden Folgen ignorieren). Maßnahmen, die ein globales Ökodumping anheizen (das Outsourcing vorantreiben) machen wenig Sinn. Und die ewig genährte Hoffnung auf internationale Abkommen erweist sich oft nur als geschickte Hinhaltetaktik. Sie vergeudet Zeit, die einfach nicht mehr vorhanden ist.

„Ohne Globalisierung wäre das Klimaproblem nicht lösbar ...“

Richtigstellung: Allen Ernstes will uns die Freihandelslobby einreden, dass ohne Globalisierung ein wirksamer Umweltschutz undenkbar sei und auch der Klimawandel nicht mehr verhindert werden könnte. Eine solche Darstellung ist meines Erachtens an Unverfrorenheit kaum noch zu toppen. Denn es ist doch gerade die Globalisierung (der Wegfall der Zollgrenzen), der zu einem völlig absurden Warentourismus geführt hat. Milliarden Tonnen von Vorprodukten werden heute auf allen Meeren und Kontinenten hin und her transportiert, bloss um sie unter noch günstigeren Bedingungen weiterverarbeiten zu lassen. Deutschland bezieht die meisten seiner Konsumartikel aus fernen Ländern und Erdteilen (man schaue nur einmal in ein x-beliebiges Kaufhaus). Außerdem verbietet die globale Dumpingkonkurrenz einen längst möglichen, zukunftsorientierten Umweltschutz. Gäbe es den internationalen Wettbewerb nicht, könnte Deutschland schon längst ohne fossile Energien (Öl, Kohle, Gas) auskommen.

„Die Bevölkerungsexplosion ist nicht Schuld am Klimawandel ...“

Stimmt das wirklich? Die Weltbevölkerung hat sich seit 1950 verzweiundhalbfacht, seit

1900 sogar verfünffacht. Und das soll wirklich keinerlei Einfluss auf den Klimawandel haben? Kaum vorstellbar! Wie ehrlich sind unsere Umweltschützer und grünen Parteien, wenn sie den Hauptfaktor der Umweltzerstörung totschweigen? Auch "Fridays-for-Future" gibt sich immer mutig und kämpferisch, aber haben diese Demonstranten es auch nur einmal gewagt, die unverantwortlich hohen Geburtenraten ins Gespräch zu bringen?

Dabei ist das enorme Bevölkerungswachstum nicht nur hauptverantwortlich für den Klimawandel. <u>Es ist oft auch ausschlaggebend für den Hunger und das Elend in dieser Welt.</u> Aufgrund der hohen Geburtenraten können manche Entwicklungsländer ihre Bürger nicht ausreichend ernähren und es fehlt dann auch am Geld für den Aufbau des Staatswesens. Diese chaotischen Umstände nutzen manche Diktatoren, ihren Untertanen ein falsches Weltbild zu vermitteln. Indem sie ihnen indirekt sagen "Seid fruchtbar und mehret Euch und schickt Eure Kinder in die reichen Sozialstaaten, damit sie Monat für Monat in ihre alte Heimat Geld transferieren können".

Sind die über Jahrhunderte gewachsenen Sozialstaaten dazu da, dieses Gesellschafts- und Geschäftsmodell zu unterstützen? Ist es deren Schicksal, eine solche Ausbeutung zu tolerieren – bis sie langsam aber sicher ausbluten, deren Sozialsysteme kollabieren, die Leistungsbereitschaft der Bevölkerung verebbt (weil Arbeit nicht mehr lohnt), die Eliten angewidert und enttäuscht das Land verlassen? Ich denke: Jeder, der wegschaut und das Thema Bevölkerungswachstum verniedlicht oder aus der Diskussion heraushält, macht sich unglaubwürdig oder sogar mitschuldig.

"Der Mut und die Aufrichtigkeit eines Menschen bemisst sich nicht an seiner Lautstärke oder der Zahl seiner Proteste, sondern daran, ob er den Mumm hat, sich unbequemen Fragen zu stellen!"

„Fridays for Future!"

Mein Kommentar:
Setzt man sich wirklich für die Zukunft ein, wenn die Hauptursachen des Klimawandels aus ideologischen Gründen verschwiegen werden? Was nützen spektakuläre Aufmärsche und Protestaktionen, wenn anstatt die wirklich relevanten Übel zu benennen, nur pauschale Anklagen in den Raum gestellt werden? Umweltschützer die es ehrlich meinen müssten meines Erachtens folgende Punkte in den Vordergrund rücken:

1. Die Bevölkerungsexplosion ist der größte Klimakiller! Seit 1950 hat sich die Weltbevölkerung verdreifacht. Heute gibt es 7,8 Milliarden Erdbewohner, 1950 waren es noch ca. 2,6 Milliarden. Glauben verantwortungsbewusste Umweltschützer wirklich,

das Bevölkerungswachstum habe keinen großen Einfluss auf die Natur und das Welt-
klima? Eine solch ignorante Naivität kaufe ich denen nicht ab.

**2. Der weitgehend zollfreie Welthandel befeuert den umweltschädlichen Waren-
tourismus.** Das Volumen des Warenaustausches hat sich in nur wenigen Jahrzehnten
verachtfacht. Auch weil die Exporte und Transporte über staatliche Beihilfen subventio-
niert werden. Lange, überflüssige Lieferketten sind alles andere als klimaschonend. Wo
bleibt da der berechtigte Aufschrei der Umweltschützer?

**3. Das globale Unterbietungssystem (der Zollfreihandel) forciert das Lohn-, Sozial-
und Ökodumping.** Produktionen werden ausgelagert in Staaten, wo Umwelt- und Arbeits-
schutzauflagen keinen sonderlichen Stellenwert genießen oder über korrupte Staatsdiener umgangen werden können. Eine Renaissance der Zollgrenzen könnte diesen Trend
umkehren und wieder kontrollierbare Umweltstandards schaffen.

4. Völkerwanderungen lagern Probleme nur aus, lösen sie aber nicht. Wenn Menschen
in Kulturen mit hohen Geburtenraten meinen, sie könnten ihre erwachsenen Kinder in
reiche Sozialstaaten abschieben (damit sie die in der alten Heimat verbliebenen Familien
unterstützen), wird sich in den Entwicklungsländern wenig ändern. Weil sich dann kein
echter Druck zu einem verantwortungsbewussten Verhalten aufbaut, überkommene Tra-
ditionen weiter gepflegt werden können und auch die Machtelite am einträglichen Prinzip der Vetternwirtschaft und Korruption festhalten kann.

5. Das Bevölkerungswachstum in Deutschland untergräbt die Vorbildfunktion! Hätte
es die anhaltend hohe Zuwanderung seit den 1960ern nicht gegeben, würden in Deutschland heute nur etwa 55 statt 84 Millionen Menschen leben. Dann gäbe es hierzulande
also wesentlich mehr gesunde Wälder und Naturflächen, dafür erheblich weniger Straßen und bebaute Flächen. Deutschland wäre ein ökologisches Vorbild für die ganze Welt
und auch die Lebensqualität wäre besser (weniger Verkehr, Straßenlärm, mehr Grün und
Parks in den Großstädten, eine lichtere Bebauung, mehr Platz für Windkraftanlagen,
eine bessere Luft usw.). Wir werfen Brasilien und anderen Staaten vor, dass sie ihre Regen-
wälder roden, machen aber im Prinzip das Gleiche.

6. Das globale Unterbietungssystem heizt den Konsumrausch an. Die Welt braucht
faire Wettbewerbsbedingungen. <u>Und die kann es nur in einem intakten Binnenmarkt
geben, der abgeschirmt ist von ausländischen Dumpingexzessen.</u> Fehlen notwendige
Schutzzölle, purzeln die Preise, die wiederum zum Kaufrausch verleiten. Der Konsum
von Klamotten zum Beispiel hat sich innerhalb von wenigen Jahrzehnten verzehnfacht!
Weil Fast Fashion heute so verführerisch günstig ist. Würde wie früher in einem intakten
Binnenmarkt unter gleichen Bedingungen produziert, gäbe es keine minderwertige Bil-

ligware und das Konsumverhalten wäre ein ganz anderes.

7. Das Pendlerunwesen belastet den Straßenverkehr. Früher lagen Wohnung und Arbeitsstätte meist dicht beieinander. Heute gibt es sogar einen regen grenzüberschreitenden Berufsverkehr. Arbeitskräfte werden hin und hergekarrt allein aufgrund fehlender Zölle bei unterschiedlichsten Lohnniveaus und Rechtsvorschriften in den Anrainerstaaten. Und wegen hoher Subventionierung der Mobilität (allein 9000,- Euro staatliche Zuschüsse bei E-Autos). Warum besinnt man sich nicht auf die positiven Erfahrungen der Vergangenheit? Warum ist heute nicht möglich, was sich bereits in alten Zeiten bewährt hat?

8. Hat die Auflösung der Preisbindung Positives bewirkt? Bis 1971 galt in Deutschland eine allgemeine Preisbindung (wie heute noch im Buchhandel). Zwar führte die Aufhebung der Preisbindung zunächst zu einem Preisverfall, am Ende kann der Handel aber doch nur überleben (vor allem in den Innenstädten), wenn er auch Gewinne einfährt. Der heute übliche Unterbietungswettbewerb befeuert eine umweltschädigende, kostspielige Werbeflut, die die Einsparung des Dumpingsystems mehr als zunichte macht (wie Untersuchungen in den USA gezeigt haben). Mehr noch: Die ewigen Sonderangebote verführen die Verbraucher zur zeitraubenden Schnäppchenjagd, stundenlang werden Prospekte studiert um dann per Pkw in diversen Supermärkten die Sonderangebote einzuheimsen. Dabei werden Verbraucher verführt, wegen der günstigen Gelegenheit oft mehr einzukaufen als nötig. So gedeiht die Wegwerfgesellschaft. Wollen wir ewig daran festhalten, uns niemals umbesinnen?

> *„Wer A sagt muss auch B sagen. Wer sich für den Natur- und Umweltschutz einsetzen will, darf nicht aus ideologischen Gründen kneifen und die wichtigsten Punkte unter den Tisch kehren.“*

„Wir müssen die Grundstücke verschenken!“

Mein Kommentar:

Tatsächlich meinen manche Kommunalpolitiker, sie hätten das Recht, Grundstücke zu verschenken. Um junge Familien in ihre Gemeinden zu locken, damit Kitas oder Grundschulen wegen zu geringer Auslastung nicht geschlossen werden müssen. Was aber macht diese scheinbar grandiose Idee mit unserer Moral, unserem Rechtsverständnis? Und wie sinnvoll ist eine Ansiedlung von Familien in abgelegenen Gegenden, die einen enormen (umweltfeindlichen) Pendelverkehr verursacht. Da gibt es derzeit also dank hochriskanter staatlicher Billiggeldschwemme Hypotheken zu wahnsinnig niedrigen Zinsen, dann werden trotz gigantischer staatlicher Neuverschuldung ansehnliche, marktverzerrende Baukindergelder vergeben (der kleine Steuerzahler muss dafür bluten), und nun werden mancherorts auch noch die Grundstücke per Los verschenkt. Somit findet also eine dreifache Subventionierung statt. In einer Zeit, in der niemand weiß, ob nicht Corona die gesamte Volkswirtschaft in den Abgrund reist und wie künftige Generationen das alles schultern sollen.

„Andere Staaten sind beim Klimaschutz viel weiter als Deutschland ...“

Gegendarstellung:

Aber was sind das für Staaten, die vermeintlich als Vorbild dienen könnten? Sind diese Staaten mit Deutschland überhaupt vergleichbar, herrschen dort nicht ganz andere Bedingungen? Die markantesten Unterschiede:

1. Die Bevölkerungsdichte ist viel geringer als in Deutschland. Dann lassen sich dort natürlich auch problemloser Windräder aufstellen, ohne Anliegern zu nahe auf die Pelle zu rücken. Jährlich zieht es fast eine Million Ausländer nach Deutschland. Das macht die Suche nach geeigneten Standorten für Windkraftanlagen nicht gerade einfacher.

2. Manche Staaten mit besserer CO2-Bilanz setzen voll auf die billige Atomkraft. Ob das nun unterm Strich besser ist?

3. Manch dünnbesiedelte Länder können einen Großteil ihrer benötigten Energie aus Wasserkraftwerken oder Solarparks beziehen. Deutschland hat eine etwa zehnfache Bevölkerungsdichte wie Finnland und Schweden. Das ist kein Segen für die Umwelt und schafft ganz andere Probleme. Immer mehr Wald- und Naturflächen fallen der Bebauung zum Opfer.

4. Natürlich verbraucht ein Industriestaat mehr Energie als ein Agrarland. Auch dieser Aspekt muss berücksichtigt werden.

Die weitverbreitete Bebätschung und Selbstverachtung unseres Staates hat sich über Lobbyisten, Politik und Medien leider zum Kult entwickelt. Ein bißchen mehr Ehrlichkeit wäre auch hier angebracht. Ohne Zuwanderung seit Anfang der 1960er hätte Deutschland heute etwa 55 statt 84 Millionen Einwohner und damit wesentlich mehr Wald- und Naturflächen. Wer über die Umwelt debattiert, sollte auch solche Fakten berücksichtigen und nicht Deutschland leichtfertig zum Einwanderungsland erklären. Tenor der Wirtschaft seit Jahrzehnten: "Wir brauchen jährlich ein Zuwanderungssaldo von 300.000 bis 500.000 Erwerbstätigen.". Und die meisten unserer Volksvertreter glauben das tatsächlich und richten sich auch danach.

„Kein Land investiert so viel Geld in den Klimaschutz wie Deutschland. Es ist schamlos so zu tun, als seien wir auch in diesem Punkt verantwortungslose Sünder!"

„Deutschland ist nicht überbevölkert!"

Gegendarstellung:
Deutschland ist ein Land, in dem mehr Menschen leben als es selbst mit Nahrung, versicherungspflichtigen Jobs und regenerativen Energien versorgen kann. Deshalb wäre es verlogen, ausgerechnet hier, einem der dichtbesiedelsten Staaten der Erde, nicht von einer Überbevölkerung zu sprechen. Eine Überbevölkerung schadet der Umwelt und schmälert das Wohlbefinden der dort lebenden Menschen. Ein solches Land ist alles andere als ein Vorbild, es wird zu einem negativen Beispiel der Verantwortungslosigkeit.

Ein weiterer, nicht ganz unwichtiger Aspekt: Es waren in der Geschichte vornehmlich überbevölkerte Staaten, deren Machthaber Eroberungskriege anzettelten ("Wir sind ein Volk ohne Raum.").

„Der Bau von Eigenheimen in Ballungsgebieten muss verboten werden!"

Gegendarstellung: So weit ist es also schon! Umweltpolitiker wollen zumindest in den dichtbesiedelten Städten den Bau von Eigenheimen verbieten. Weil diese zu viel Platz verbrauchen und Ressourcen verschwenden. Das also ist es, was bei der ungezügelten Einwanderungspolitik am Ende herauskommt. Wir sollen die Grenzen weiterhin offenhalten, Deutschland als Einwanderungsland betrachten und uns selbst immer mehr einschränken. Ohne Zuwanderung würde heute niemand von einem Bauverbot sprechen. Was plant man als nächstes, welche Einschränkungen drohen uns bei weiterer Zunahme der Bevölkerung? Wie viele Wirtschaftsflüchtlinge gedenkt man noch aufzunehmen, ohne jemals die Bevölkerung darüber abstimmen zu lassen? Und wie viele Agrar- und Naturflächen ist man bereit zu opfern: für den Straßenausbau, den Wohnungsbau, den fragwürdigen Gesetzen des ewigen "Wachstums"?

Kapitel VIII

Beispiele beliebter Irreführungen bezüglich der Zuwanderung

und der vermeintlichen Verteidigung europäischer und christlicher Werte.

Vielen „anständigen" Bürgern gelten die Gegner des Vielvölkerstaates als gefühlslose Unmenschen. Dabei ist die Sachlage eine ganz andere. <u>Denn eine Überstrapazierung des in der breiten Bevölkerung akzeptierten Aufnahmepotentials führt letztlich zu einer Vergiftung und Spaltung der Gesellschaft.</u> Vor allem in Krisenzeiten oder wenn der Sozialstaat überfordert wird. Die Zuwanderung einschränken dient also letztlich dem Schutz der in Deutschland Gestrandeten, die sich hier ein Leben im Wohlstand erhoffen. Erst wenn die vielen Menschen mit Migrationshintergrund in Deutschland richtig integriert sind, unsere Sprache beherrschen, sich als Deutsche fühlen, eine Arbeit finden, von der sie ihre Familie ernähren können, erst dann ist das waghalsige Experiment gelungen. Und erst dann darf man sich Gedanken machen über eine weitere Öffnung bzw. Zuwanderungswelle.

<u>Der Umgang mit der Zuwanderung ist die zentrale Schicksalsfrage, die über die Zukunft unseres Landes entscheidet.</u> Wer die Gefahren herunterspielt, wer ein böses Spiel mit den Emotionen der Menschen treibt (das Mitleid, die Arglosigkeit und die Gutmütigkeit der Einheimischen ausnutzt), riskiert alles. Denn ein überforderter Vielvölkerstaat ist zum Scheitern verurteilt. Wenn die Stimmung kippt, sind in erster Linie die Migranten hier nicht mehr sicher. Oder aber es droht der Zerfall des Sozialstaates bzw., wenn der Einfluss der Muslime weiter zunimmt, die Umwandlung Deutschlands in einen autoritären islamischen Staat (wie der Iran, Irak, Afghanistan usw.). Wer solche Ängste als Panikmache oder weit hergeholt abtut, beweist wenig Phantasie. Denn schon jetzt gibt es ständige Vorboten eines wachsenden Anspruchsdenkens (30 % der Journalisten sollen einen Migrationshintergrund nachweisen können, in der Politik, in der Verwaltung und bei der Polizei werden Quoten gefordert, in allen Behörden, Gerichten und Krankenhäusern müssen ausreichend Dolmetscher zur Verfügung stehen usw.). Selbst unsere Sprache sollen wir inzwischen anpassen und vergewaltigen. Und jeder der anderer Meinung ist muss aufpassen, nicht als fremdenfeindlich gescholten zu werden. Sogar in der Kita gelten bereits strenge Regeln (das servieren eines Würstchens aus Schweinefleisch gilt inzwischen als rassistisch).

„Jeder hat das Recht,
in Deutschland Asyl zu beantragen!"

Gegendarstellung:

Etwa drei Milliarden Erdenmenschen würden gerne im Sozialparadies Deutschland Asyl beantragen. Mit Zunahme der Weltbevölkerung erhöht sich diese Zahl natürlich. Aber machen wir uns doch nichts vor: Wir können diese Notleidenden nicht alle bei uns aufnehmen. Mit anderen Worten: Wir vertrauen darauf, dass das Asylrecht nur von einer kleinen, hartnäckigen Minderheit in Anspruch genommen wird.

Wenn also das Grundgesetz derart ultraliberal interpretierbar ist und Dinge verspricht, die sich in der Praxis nicht einmal ansatzweise durchsetzen lassen, dann darf doch wohl die Frage erlaubt sein, ob das Asylrecht nicht den heutigen Gegebenheiten und Möglichkeiten angepasst werden muss.

Unser Grundgesetz ist kein unantastbares Heiligtum wie etwa der Koran! Unsere Bundespolitiker haben geradezu die Pflicht, eine Überforderung bzw. drohende Selbstzerstörung des Staates zu verhindern! Notfalls muss das Asylgesetz (das bei ehrlicher Betrachtung zu 99 Prozent missbraucht wird) ganz abgeschafft werden. Auffallend ist, dass andere Sozialstaaten weit weniger Probleme mit ihrem Asylrecht haben. Deutschland musste 2015 ein Vielfaches an Wirtschaftsflüchtlingen verkraften wie Frankreich oder Großbritannien. Warum?

„Deutschland ist auf Zuwanderung
angewiesen!"

Gegendarstellung:

Deutschland ist einer der dichtbesiedelsten Staaten der Welt. Obwohl Deutschland zum Beispiel kleiner als Schweden ist, hat es die neunfache Bevölkerungszahl. Ist das entschieden zu wenig, gibt es hier immer noch zu viel Natur, zu viele Wiesen und Wälder? Zu behaupten, Deutschland sterbe aus, ist hanebüchen! Die Zahl der hier lebenden Menschen ist in den letzten 50 Jahren von 69 auf 84 Millionen angestiegen. Was soll also diese irreführende Hysterie?

Auch den vielbeklagten Fachkräftemangel gibt es nicht wirklich. Wenn bei uns in einigen Ausnahmebereichen Fachkräfte fehlen, dann liegt das in der Regel nur an einer zu schlechten (nicht marktgerechten) Entlohnung. Es ist auch ein Trugschluss zu glauben, Zuwanderer könnten unsere Sozialsysteme sicherer machen. Das Gegenteil ist der Fall (weil deren Erwerbsbiographien im Durchschnitt deutlich ungünstiger verlaufen).

Zudem ist die Veränderung unserer Altersstruktur ein ganz normaler Ablauf, der bereits seit über 100 Jahren zu beobachten ist. Ein Erwerbstätiger musste vor 100 Jahren weit mehr Erwerbslose ernähren als heute. Es gibt heute zwar mehr Rentner, aber viel weniger nicht berufstätige Frauen und Kinder. Noch ausschlaggebender aber ist, dass sich die Produktivität seit Beginn des 20. Jahrhunderts verzehnfacht hat!

Haben sich die demografischen Verhältnisse tatsächlich verschlechtert?
Sind die Renten unbezahlbar geworden?
um 1900: Ein Erwerbstätiger muss durchschnittlich ca. vier Erwerbslose (Mütter, Kinder, Rentner) mitversorgen.
2017: Ein Erwerbstätiger braucht nur noch einen einzigen Erwerbslosen mitversorgen.
Fazit: Würde man die Produktivitätssteigerung in die Kalkulation mit einbeziehen, könnte ein Erwerbstätiger heute rein rechnerisch 40 Mitmenschen versorgen (zu den Lebensbedingungen um 1900).
Hinzu kommt, dass in den letzten Jahrzehnten von unseren Volksvertretern im Bundestag die Rentenansprüche mehrmals abgesenkt wurden und Rentner heute sogar Krankenkassenbeiträge und Steuern zahlen müssen.

„Nur jeder vierte Einwohner in Deutschland hat einen Migrationshintergrund!"

Klarstellung:
Ich weiß, dass dies vielen Multikultifanatikern viel zu wenig ist. Aber man sollte auch bedenken: Die Verteilung ist nicht besonders gleichmäßig. Es gibt bereits manche Städte und sehr viel Stadtteile, in denen die als Biodeutsche verschrieenen Einheimischen in der Minderheit sind. Wobei natürlich die Berechnungsgrundlage eine Rolle spielt. Würde man auch die Enkel ehemaliger Zuwanderer als Menschen mit Migrationshintergrund betrachten, treibt das die Migrationsquote weiter in die Höhe. Ich kenne viele Leute, die meinen, die bunte Vielfalt in Deutschland sei doch toll, das mache doch keinerlei Probleme. Doch so blauäugig sehe ich die Sache nicht. Viele Zuwanderer aus gegensätzlichen, intoleranten Kulturen wollen sich einfach nicht anpassen und integrieren. Ihr Bestreben ist es, weitere Verwandte und Bekannte ins ihnen fremde Land zu holen, damit hier eine allmähliche Umformung gelingt.

Schon 1992 äußerte sich der ehemalige Bundeskanzler Helmut Schmidt (SPD) folgendermaßen: "Die Vorstellung, dass eine moderne Gesellschaft in der Lage sein müsste, sich als multikulturelle Gesellschaft zu etablieren, mit möglichst vielen kulturellen Gruppen, halte ich für abwegig. Man kann aus Deutschland mit immerhin einer tausendjährigen Geschichte seit Otto I. nicht nachträglich einen Schmelztiegel machen.". Auf einer DGB-Veranstaltung verkündete er bereits 1981: "Wir können nicht mehr Ausländer verdauen, das gibt Mord und Totschlag." War also Helmut Schmidt rechtsradikal oder war er ein Dummkopf? Müsste er heute aus der SPD wie Sarrazin ausgeschlossen werden? Ohne Klärung dieser Grundsatzfrage ergeben weitere Debatten eigentlich gar keinen Sinn. Man muss sich schon ehrlich machen und Farbe bekennen.

„Wenn man wirklich etwas verändern will, darf man heikle Themen nicht einfach ausklammern. Eine nachhaltige Reform kann nur gelingen, wenn alle relevanten Aspekte einbezogen werden. Ohne eine umfassende Aufrichtigkeit enden alle Mühen in einer unausgegorenen, heuchlerischen Flickschusterei.“

„Es gibt nur noch 1,8 Millionen Geflüchtete in Deutschland!“

Stimmt das? Von den 84 Millionen in Deutschland lebenden Bürgern haben ca. 30 Millionen einen Migrationshintergrund. Zehn Millionen davon gelten als Ausländer, haben also noch keinen deutschen Pass (Zweitpass). Die Zahl von 1,8 Millionen verharmlost und liefert ein völlig falsches Bild. Denn sie seziert die große Zahl an Migranten und Geflüchteten in verwirrende Teilgebiete und Untergruppen. Was passierte denn mit den vielen Millionen Geflüchteten, die seit Jahrzehnten aus verschiedenen Erdteilen nach Deutschland kamen? Zurück in ihre alte Heimat zog es doch die wenigsten von ihnen.

Man darf vermuten, dass die große Mehrheit einen neuen Status bekam, jetzt als Geduldete geführt werden oder sogar einen deutschen Pass erhielten. Brauchen die Gerichte also nur die Asylanträge abarbeiten und schon bereinigt sich die Statistik? Wie letztlich alles schön- und kleingerechnet wird, erschließt sich dem Normalbürger nicht. Da halten sich Politik & Ehrlichmedien (die doch immer so gerne aufklären und die Bevölkerung "mitnehmen" wollen) vornehm zurück. Offenbar ist man hauptsächlich interessiert an Erfolgsmeldungen, der Entwarnung, dem Signal einer vermeintlichen Lösung des Asyl- und Flüchtlingsdramas. Warum wohl?

„Um die Bevölkerung mitzunehmen brauchen wir alles nur besser erklären!" sagen viele Politiker. Wenn sie sich da man nicht gewaltig täuschen. Denn ein solcher Schuss könnte nach hinten losgehen.

„Deutschland kann über 1500 Flüchtlinge aus Griechenland aufnehmen!"

Mein Kommentar:

Immer wenn es großspurig heißt "Deutschland kann", verkörpert sich darin eigentlich nur die Meinung einiger Spitzenpolitiker. Was die breite Bevölkerung dazu meint, ist in unserer "repräsentativen Demokratie" völlig irrelevant. Notfalls müssen halt über die öffentlich rechtlichen Fernsehsender penetrant die Werbetrommeln gerührt werden. Das ist einfach: <u>Man braucht nur gezielt immer wieder die zahlreichen Vertreter der Flüchtlingsorganisationen, der Entwicklungshelfer, der Menschenrechtler, christlichen und islamischen Verbände zu Wort kommen lassen und mit aufwühlenden Elendsbildern Emotionen schüren.</u> Das funktioniert garantiert.

Ergo: Unsere politischen Machthaber können nahezu alles durchsetzen und als unabänderliches "Muss" verkaufen. Mit Unterstützung der Leitmedien sollte es eigentlich immer gelingen, den Mainstream in die gewünschte Richtung zu lenken. Merkwürdig nur, dass in anderen zivilisierten Staaten die Eliten oft zu ganz anderen Rückschlüssen kommen (Schweiz, Österreich, Großbritannien, Kanada, Australien, Japan usw.). Die deutschen Meinungsbildner tun dagegen meist so, als gäbe es nur eine Wahrheit (nämlich die ihrige).

Im konkreten Fall des Moria-Camps auf Lesbos hat sich die deutsche Regierung (wobei die SPD und die Grünen massiv Druck auf die CDU/CSU ausübten) wieder einmal zu einem europäischen Alleingang entschlossen. Mindestens 1500 Flüchtlinge will man aufnehmen. 174 der 8000 deutschen Kommunen sind gar bereit, weit über das Quotensoll hinaus Barmherzigkeit zu zeigen. Wobei diese Gutmenschen wohl davon ausgehen, dass vor allem der Bund die immensen Kosten übernimmt.

„Wir müssen mehr Flüchtlinge aufnehmen. Wozu haben wir denn unsere Sicheren Häfen?"

Gegendarstellung:

In Deutschland haben sich bereits über 200 Städte und Gemeinden zu Sicheren Häfen für Geflüchtete erklärt. Warum ist das so, war das ein demokratischer Prozess, ist die großzügige Aufnahme notleidender Menschen aus fernen Erdteilen breiter Konsens in unserer Zivilgesellschaft? Mitnichten. Es gibt Organisationen, die gezielt dazu auffordern, die eigene Stadt in einen Sicheren Hafen zu verwandeln. Sie geben Tipps, wie man sich mit Gleichgesinnten zusammenschließt, Parteien, Politiker und Bürgermeister in das Vorhaben einbindet, Petitionen und Demos initiiert und schließlich vorbereitete Anträge in den Stadtrat einbringt.

Meine Heimatstadt Flensburg zum Beispiel hat sich auch längst zum Sicheren Hafen erklärt. Sie ist deshalb stets bemüht, zusätzlich zum normalen Kontingent Flüchtlinge aufzunehmen (bedrängt dementsprechend auch die Landes- und Bundesregierung). Aber ist diese neue Willkommenskultur auch im Sinne der Flensburger Bürger? Sicher nicht. Die große Bevölkerungsmehrheit wurde übergangen bzw. überrumpelt, obwohl sie mit den Folgen auf lange Zeit leben muss. Es hat den Anschein, dass durch einige wenige Aktivisten unsere Demokratie in Nacht- und Nebelaktionen ausgetrickst wird. Die meisten Städter ahnen nicht einmal, was da durchgezogen wird bzw. was sich da zusammenbraut. Sie wissen ja meist nicht einmal, welchen Parteien sie diese "Sicheren Häfen" zu verdanken haben. Denn dieser Hintergrund wird wohlweislich weitgehend unter den Tisch gekehrt (auch von den Medien). Es dürfen durch die naive Gutmensch-Politik schließlich nicht die nächsten Wahlen negativ beeinflusst werden.

„Wer ist verantwortlich für die forcierte Flüchtlingsaufnahme? Entspricht sie dem breiten Bürgerwillen? Glauben entrückte Fantasten wirklich, man könne über die Nullzinspolitik und den ungenierten Aufkauf von Staatsanleihen nahezu alles finanzieren?"

„Die Genfer Flüchtlingskonvention verpflichtet uns!"

Gegendarstellung: Immer wieder verkünden Politiker, Deutschland sei nun einmal zur Aufnahme der Flüchtlinge verpflichtet, das gebiete schon das Grundgesetz und die Genfer Flüchtlingskonvention. Deshalb darf es natürlich auch keinerlei Obergrenzen geben. Die Medien dienen auch in dieser Sache als willfähriges Sprachrohr. Nach der Genfer Flüchtlingskonvention sind aber nur angrenzende Länder (unter bestimmten Umständen) zur Aufnahme von Flüchtlingen verpflichtet. Selbst in Afrika gibt es 50 Staaten, die der Genfer Flüchtlingskonvention beigetreten sind. Es ist doch mehr als arrogant zu behaupten, nicht einer dieser Staaten wäre Flüchtlingen zumutbar.

Selbst das deutsche Asylrecht gilt nur für Flüchtlinge, die direkt aus einem Nachbarland stammen (Dublin-Abkommen). Dieser Passus wird leider weitgehend ignoriert (das Recht wird gebrochen). Es wird auch gerne so getan, als sei unser Asylrecht unabänderlich und in Stein gemeißelt. Fast alle Zeitungen, Rundfunk- und Fernsehsender scheuen sich, ihre Leser und Zuschauer über diese Zusammenhänge ausreichend zu informieren.

„Die Kriminalität ist durch Flüchtlinge nicht angestiegen!"

Gegendarstellung:

Auch was die Kriminalität betrifft, gibt es ein unrühmliches Herumgeeiere. Man versucht abzuwiegeln und zu relativieren. Klar doch, dass es keine Vorverurteilungen und pauschale Diskriminierungen geben darf. Aber man sollte auch nicht verdrängen, dass, hätte Deutschland allein in 2015 nicht ein Vielfaches an Asylanten aufgenommen wie zum Beispiel Frankreich, hunderttausende Straftaten gar nicht erst begangen worden wären. Es stimmt, bei manchen Vergehen ist die Kriminalitätsrate unter Flüchtlingen vermutlich nicht viel anders als bei der heimischen Bevölkerung. Aber es gibt eben auch zahlreiche Bereiche, in der die Verbrechensquote deutlich höher liegt. Bei einer abwiegelnden Aufrechnung entgegenzuhalten, die Quote sei dafür in anderen Segmenten niedriger, ist schon starker Tobak. Wenn ein Flüchtling keine eigenen Einkünfte hat, kann es natürlich auch keinen Steuerbetrug geben. Und wenn er kein Auto hat, sind auch Verkehrsdelikte relativ unwahrscheinlich.

Fazit: Mit der ewigen Schönfärberei bringt man den kritischen Bevölkerungsteil erst recht auf die Palme. Es ist mehr als Unsinn zu behaupten, durch den Zustrom der Flüchtlinge sei die Zahl der Verbrechen nicht angestiegen. Über 80 % der in Deutschland einsitzenden Strafgefangenen haben einen Migrationshintergrund. Diese Tatsache scheint mir mehr als alarmierend. Wer an den Zahlen zweifelt, darf gerne einmal im Internet recherchieren. Besonders dramatisch ist die Situation bei den Millionen Asylzuwanderern: Statistisch gesehen sind sie siebenmal häufiger in schwere Gewalttaten verwickelt als die Gesamtbevölkerung.

Einige amtliche Zahlen aus Hamburg:

2016 ermittelte die Polizei ca. 75.000 Verdächtige. 43 % von ihnen waren Ausländer (ohne deutschen Pass). Ausländer hatten demnach eine etwa fünffach höhere Kriminalitätsquote. Fast jeder Fünfte der ausländischen Verdächtigen war ein Flüchtling. Obwohl es sich in Hamburg bei höchstens einem Prozent der Bevölkerung um Flüchtlinge handelt, lag deren Anteil bei den Verdächtigen bei 9,1 Prozent. Bei dieser Zahlenaufstellung wurden übrigens die Verstöße gegen Aufenthalts- und Asylgesetze nicht mitgezählt (die Kriminalitätsquoten der Ausländer und Flüchtlinge wären sonst noch weit höher).

Nachtrag: <u>Nach amtlichen Erkenntnissen war jeder dritte afrikanische Bootsflüchtling bereits in seiner Heimat kriminell.</u> Kein Wunder also, wenn afrikanische Staaten ihre eigenen Landsleute oft nicht "zurücknehmen" (viele Abschiebungen also schon aus diesem Grund nicht möglich sind).

„Flüchtlinge können in den Irak nicht zurück, weil die Lage dort kritisch ist!"

Gegendarstellung:

Flüchtlinge aus dem Irak demonstrieren gegen den Zustand der Duldung. Sie wollen in Deutschland studieren, arbeiten und sich hier ihren Wohnort aussuchen. Sie leben oft schon mehr als fünf Jahre in der Bundesrepublik und erhalten weder das erhoffte Bleiberecht noch einen anerkannten Asylstatus. Sie beteuern, nicht in den Irak zurück zu können, weil die Lage dort kritisch sei.

Merkwürdig nur, dass ihre 40 Millionen Landsleute das ganz anders sehen. Sie leben im Irak trotz aller widrigen Umstände. Viele der dort Zurückgebliebenen würden sicher auch gern in den angesagten fernen Sozialstaaten studieren und arbeiten. Sie entziehen sich aber nicht ihrer Verantwortung, sondern bleiben und beteiligen sich somit am Aufbau des eigenen, rohstoffreichen Staates.

Wieso meinen viele Flüchtlinge, sie hätten einen Sonderstatus? Und wieso schafft unser deutscher Rechtsstaat es nicht, innerhalb von fünf Jahren abgelehnte Asylbewerber abzuschieben? Wieso meint man, dem deutschen Steuerzahlen die Kosten für die Unterbringung und Versorgung von Hunderttausenden Ausreisepflichtigen über Jahrzehnte aufbrummen zu dürfen? Falls tatsächlich die Zustände im Irak unerträglich sein sollten, warum begeben sich Flüchtende nicht in einen der angrenzenden islamischen Bruderstaaten, warum müssen sie unbedingt in das geografisch und kulturell weit entfernte Land der verachteten Ungläubigen?

Fest steht: Bei geduldeten Flüchtlingen ohne Zukunftsperspektive ist der Frust vorprogrammiert. Sie bilden damit eine potentielle Gefahr, weil sich aufgestauter Frust irgendwann in einer Gewalttat entladen kann. Also muss der Rechtsstaat klare Verhältnisse schaffen. Das heißt: Entweder konsequent abschieben oder ein Bleiberecht einräumen. Die ewige Hinhaltetaktik ist pures Gift für alle Seiten. Ein Rechtsstaat, der das nicht gebacken kriegt, hat seine Handlungsfähigkeit offenbar aufgrund überzogener Einspruchsmöglichkeiten weitgehend eingebüßt. Er wird seinen Aufgaben und Verpflichtungen nicht mehr gerecht und mutiert somit zum Unrechtsstaat.

„Es ist nur fair, wenn Migranten ihre alte Staatsbürgerschaft behalten dürfen!"

Mein Kommentar:

Es ist äußerst problematisch, Privilegien für bestimmte Bevölkerungsteile zu schaffen. Denn das provoziert Unruhe und spaltet die Gesellschaft. Durch die Doppel- und Dreifachpassregelung schürt man zudem einen Fremdenhass. Weil viele Altbundesbürger es überhaupt nicht einsehen, zu Menschen II. Klasse (also mit weniger Rechten ausgestattet) degradiert zu werden. Der Doppelpass erweckt den Eindruck, dass deren Nutznießer nicht wirklich zum deutschen Staat stehen, sich nicht zu ihm bekennen, sondern lediglich dessen Vorteile abschöpfen möchten.

Bezeichnend auch, dass dieses Thema in der Öffentlichkeit nie richtig abgehandelt wurde. Es war nie ein Wahlkampfthema und eine Volksabstimmung darüber gab es auch nicht. Bundesweite Plebiszite lehnen unsere ehrbaren Volksvertreter leider nach wie vor ab (das ist sehr bequem), während sie in anderen Staaten erfolgreich praktiziert werden. Wieviel Demokratie wird unseren Bürgern überhaupt noch zugestanden?

„Afrika geht es heute so schlecht, weil es während der Kolonialzeit brutal ausgebeutet wurde!"

So die gängige Lesart, die gleichzeitig als Rechtfertigung für die Aufnahme afrikanischer Flüchtlinge herhalten muss. Dabei wird leider übersehen, dass Länder wie Deutschland einst sehr viel Geld in den Aufbau ihrer Kolonien gesteckt haben. Es wurden Schulen,

Krankenhäuser, Schienennetze, Straßen, Infrastrukturen und funktionierende Verwaltungen aufgebaut, alles zum Wohl der afrikanischen Kolonien und deren Bevölkerungen. Man verstand damals die deutsche Kolonialzeit als gigantisches Entwicklungshilfeprojekt. Ganz uneigennützig war das sicher nicht. Man wollte damit auch die Bedeutung des deutschen Kaiserreichs hervorheben, das internationale Ansehen steigern und sich neue Rohstoffquellen und Absatzmärkte erschließen.

Einen Aspekt sollte man auch nicht verdrängen: Zur Kolonialzeit ging es den Land- und Fabrikarbeitern im Deutschen Reich bestimmt nicht besser als den Arbeitspflichtigen in den deutschen Kolonien. Wahrscheinlich ging es ihnen sogar schlechter (70 Stunden-Woche, Hunger, Kälte, absolute Kinderarmut, kaum ärztliche Versorgung usw.). Also dass die deutsche Bevölkerung jemals von den Kolonien profitiert hätte, halte ich für ein verklärendes, rassistisch gefärbtes Ammenmärchen.

Der angezüchtete Schuldkomplex ist nicht nur rassistisch motiviert (volksverhetzend), er soll auch als Rechtfertigung dienen für die Umwandlung des deutschen Nationalstaates in eine europäische Multikulti-Provinz (offenbar ohne recht zu Wissen, was man sich damit einhandelt).

„Europa und vor allem Deutschland sind verpflichtet, weit mehr Flüchtlinge aufzunehmen!"

Gegendarstellung:
Haben afrikanische bzw. arabische Staaten eigentlich keinerlei Verpflichtungen? Der afrikanische Erdteil ist dreimal so groß wie der europäische. Es gibt dort 54 souveräne Staaten. Warum also müssen Afrikaner unbedingt nach Europa fliehen? Es wird suggeriert, die Flucht nach Europa sei alternativlos. Warum eigentlich? Warum sind afrikanische Regierungen aus jeder Verantwortung raus?

Noch merkwürdiger muten die Flüchtlingsströme aus Vorder- und Mittelasien an, wo doch manch arabische Nachbarstaaten dank der hohen Einnahmen aus dem Erdöl in Saus und Braus leben können (ohne dafür eine anstrengende Arbeitsleistung aufbringen zu müssen). Warum können die reichen Ölstaaten mit ihrem leicht verdienten Geld nicht für stabile Verhältnisse in der arabisch-islamischen Welt sorgen und die Flüchtlinge aus diesen Krisengebieten stärker unterstützen? Warum finanzieren manche Scheichs staatdessen lieber islamische Terroristen und Mörderbanden?

Je höher die Zuwanderung, desto mehr Rechtsextreme wird es geben. Aber die Rechtsextremen braucht man offenbar, um die AfD in Schach zu halten.

„Wer ein einziges Leben rettet, rettet die ganze Welt!"

Widerspruch:

Kann man sich einen noch dümmeren Spruch vorstellen? Wohl kaum! Aber dennoch ist diese hochnaive Gutmensch-Floskel in aller Munde. In Wahrheit kann es doch nicht darum gehen, einzelne Menschen zu "retten" (zu deutsch: ihnen ein besseres, privilegiertes Leben zu ermöglichen), die versuchen, Asylländer zu erpressen. Auch in der Flüchtlingsfrage geht es darum, die vorhandenen Ressourcen (finanziellen Kapazitäten) zum Wohle der Menschheit einzusetzen. Ein einzelner Flüchtling kann im Laufe seines Lebens leicht eine Million Euro an Kosten (Unterstützungsleistungen) verursachen. Wie vielen Daheimgebliebenen könnte man damit in Afrika helfen? Dort fehlt es oft an den elementarsten Dingen (Nahrung, Medikamenten, sauberem Trinkwasser usw.). "Wer ein einziges Leben rettet, rettet die ganze Welt!" ist ein reiner Ablenkungs- bzw. Verblödungssatz. Er wurde erfunden, um gutgläubige Samariter aufs Glatteis zu locken.

„Für die Flüchtlingsaufnahme brauchen wir ein Punktesystem nach kanadischem Muster!"

Gegendarstellung:

Zur Regulierung der Zuwanderung wird immer lauter ein Punktesystem nach kanadischem Vorbild gefordert. Doch Kanada ist längst dabei, sein System zu reformieren, weil es sich in der Praxis nicht bewährt hat. Das Problem: Viele Einwanderungswillige können auf dem Papier alles – aber sind sie erst einmal im Land, bleiben sie den Beweis für ihre Fähigkeiten schuldig. Die Papierform erweist sich einmal mehr als höchst unzuverlässig – weil zu viel getrickst wird. Nicht alle Diplome und Lebensläufe sind echt, und auch die Qualität und Aussagekraft der Bildungsabschlüsse und Zertifikate sind mit heimischen Standards nur schwer vergleichbar. Im Prinzip wäre zwar ein Punktesystem nicht schlecht, aber alle Angaben müssten auch überprüfbar sein (was sich in der Praxis kaum durchsetzen lässt).

Zudem gilt: Deutschland mit über 10 Millionen Erwerbslosen und Arbeitssuchenden (die verdeckten Fälle miteingerechnet) hätte auch bei einem Punktesystem schon seit 30 Jahren überhaupt keine Einwanderer mehr aufnehmen müssen. Denn es gibt hier so gut wie keine Jobs, die nicht auch von unseren Erwerbslosen erledigt werden könnten. Notfalls muss man halt umschulen. Aber Interessenten dafür finden sich nur, wenn auch die spätere Entlohnung stimmt und die beruflichen Perspektiven reizen. Und genau daran hapert es, das ist der Knackpunkt.

Politik und Wirtschaft müssen ihre Ignoranz ablegen und einsehen, dass heute aufgrund der Hartz-IV-Absicherung viele Erwerbslose darauf verzichten, völlig unterbezahlte, körperlich anstrengende Schicht- oder Akkordarbeiten zu akzeptieren. Anstatt anständige Löhne zu zahlen heuerte man oft lieber ergebene Billiglöhner aus dem Ausland an. Ich halte ein solches Vorgehen für einen Skandal!

„Aber in manchen Jahren konnten zigtausende Lehrstellen nicht besetzt werden!"

Gegendarstellung:

Das wird zumindest behauptet. Überprüfen lässt sich das kaum. Auf jeden Fall gab es jede Menge Karteileichen (längst besetzte Lehrstellen wurden nicht gemeldet). Und dann sollte man sich die angeblich unbesetzten Lehrstellen doch bitte einmal genauer ansehen. Sind zukunftsträchtige Berufe darunter? Sind die Aussichten gut, im erlernten Beruf eine fair bezahlte Vollzeitstelle zu bekommen?

Auch das berufliche Image spielt heute eine große Rolle (oft zu Unrecht). Warum einen traditionellen handwerklichen Beruf erlernen, wenn es doch viel angesagter ist, ein Informatiker zu sein. Aber auch solche Probleme löst man auf Dauer nicht über die Einwanderung von genügsamen Ausländern, sondern über die tarifliche Entlohnung.

Anfang 1970 suchte ein Bekannter von mir eine Stellung als Buchdrucker. Auf seine Kleinanzeige hin meldeten sich 64 seriöse Druckereien, die sich gegenseitig mit Sondervergütungen zu übertrumpfen suchten (Gehalt 20 % über Tarif, dazu Firmenwohnung zum halben Marktpreis, Erstattung der Umzugskosten, Gratis-Kantinenessen usw.). Damals ging das alles. Kein Unternehmer hat gejammert, er könne das nicht bezahlen. Damals hatten wir halt eine echte (nicht vorgegaukelte) Vollbeschäftigung und eine echte Marktwirtschaft. Das funktionierte, weil alle Staaten sich über Zölle dem knallharten globalen Lohn- und Steuerdumping entzogen.

Nichts spricht dagegen, auf diesen Pfad der Tugend und Vernunft zurückzukehren. Anstatt süffisant von der benebelnden Weltoffenheit zu faseln und über Freihandelszonen weitere Abhängigkeiten zu schaffen, sollte man lieber wieder die Zölle anheben.

„Flüchtlinge müssen besser integriert werden!"

Mein Kommentar:

Klar doch! Aber die obige Forderung suggeriert, dass es sich dabei hauptsächlich um eine Bringschuld des Gastlandes handelt. Dabei versucht der deutsche Staat doch alles Mögliche, um die Integration voranzutreiben. Schon aus Eigeninteresse, damit Wohlstandsflüchtlinge mitsamt ihrer Angehörigen nicht über mehrere Generationen von Sozialhilfen leben müssen. Zur Wahrheit gehört aber auch, dass ein gar nicht einmal so geringer Teil der Zugereisten unsere Kultur und Religion strikt ablehnen und sich überhaupt nicht integrieren wollen. Ein unrühmliches Beispiel hierfür liefern die vielen kriminellen arabischen Großfamilienclans, die sich in Deutschland inzwischen etabliert und eingenistet haben und denen unser "Rechtsstaat" kaum beikommen kann.

Zu beobachten ist auch, dass die Integration oft schon in eine andere Richtung läuft. Die Biodeutschen sind es, die sich anpassen und unterordnen sollen. Was zum Beispiel im kleinen Rahmen schon dadurch zu erkennen ist, dass in Kitas und Kindergärten keine Wurst aus Schweinefleisch aufgetischt werden darf, christliche Kreuzsymbole aus Schulen und Amtsstuben verbannt werden und Sprachwächter den deutschen Wortschatz durchkämmen. Sogar fünfhundert Jahre alte Ortsnamen stehen bereits in der Kritik (z. B. "Mohrkirch"). Letztens wurde ein alter Herr in einem Supermarkt von einem schwarzen Migranten angepflaumt, weil er seinen Enkel fragte, ob er Negerküsse kaufen solle. So weit ist es schon gekommen. Wir sollen unsere Sprache den Vorstellungen der Zuwanderer anpassen, wir sollen uns integrieren.

Davon abgesehen: Die nach Deutschland eingewanderten Menschen haben es besonders schwer, einen fair bezahlten Vollzeitjob zu finden. Bevor man also überhaupt an weitere Zuströme von außen denkt, müssten erst einmal die bereits vorhandenen millionenfachen Problemfälle aufgearbeitet werden. Richtig integriert sind Migranten erst, wenn sie im Schnitt etwa das Gleiche verdienen wie die heimische Bevölkerung. Wenn sie sich bestens in unserer Landessprache verständigen können und auch die berufliche Qualifizierung dem allgemeinem Niveau entspricht.

Wer Jahr für Jahr hunderttausende Einwanderer ins Land lässt, die wegen unserer in Jahrzehnten gewachsenen und manifestierten Massenarbeitslosigkeit absolut nicht benötigt werden, verschärft die bestehenden Probleme. Eine solch ignorante scheinbare Gutmenschenpolitik schürt am Ende die Vorbehalte und Ängste gegen alle Menschen mit Migrationshintergrund. Und das ist genau das, was eigentlich keiner will und wir absolut nicht gebrauchen können.

„Integration bedeutet nicht, dass das Gastland sich zunehmend der Kultur der Zuwanderer unterordnet!"

„Man kann das Asylrecht gar nicht abschaffen!"

Gegendarstellung:

Wieso denn nicht? Sind wir etwa kein souveräner Staat mehr. Trotz "Abschottung" kommen jährlich Hunderttausende Asylbewerber (Wohlstandssuchende) aus anderen Erdteilen nach Europa. Die meisten von ihnen zieht es nach Deutschland. Wenn es unser offenes Sozialparadies nicht gäbe, hätten sich viele Flüchtlinge vermutlich gar nicht erst auf den weiten, beschwerlichen Weg gemacht. Warum muss es in Deutschland ein ultraliberales Asylrecht geben, wenn dieses Gesetz ehrlich gerechnet zu 99 % missbraucht wird und geltende Abkommen (Schengen, Dublin) nicht mehr eingehalten werden? Warum ist Deutschland gezwungen, millionenfach Asylbewerber ohne Ausweispapiere aufzunehmen? Wo man doch weiß, dass diese Leute später kaum noch ausgewiesen oder abgeschoben werden können? Selbst Schwerstkriminelle genießen bei uns de facto ein ewiges Bleiberecht. Das muss alles so sein? Man darf das nicht ändern? Unser Rechtsstaat ist wieder einmal machtlos?

„Wir alle sind Deutschland!"

Gegendarstellung:

Muss das sein? Werden mit derlei Parolen nicht wieder falsche Signale in alle Welt gesendet? Musste die amtierende Bundeskanzlerin Angela Merkel (CDU) im März 2021 medienwirksam verkünden "Wir alle sind Deutschland!". Mit einem umfangreichen Aktionsplan will die Bundesregierung die Integration von Zuwanderern fördern. Wieder einmal!

Man möchte zum Beispiel mehr Einbürgerungen, mehr Aufklärung und Information bereits in den Herkunftsländern, die gezielte Gewinnung von Fachkräften, die Anerkennung von Bildungsabschlüssen. Unter anderem waren 75 Migrationsorganisationen an der Ausarbeitung der Forderungen beteiligt. Und offenbar besteht unter den etablierten Parteien mal wieder ein breiter Konsens, was die Ziele dieser Agenda betrifft. Wie wär's, wenn Parteien bei den anstehenden Wahlen für ihre Gesinnung offen einstehen und den Slogan "Wir alle sind Deutschland!" mutig plakatieren? Damit die Bevölkerung weiß woran sie ist und nicht zum wiederholten Male von systemrelevanten Weichenstellungen überrumpelt und überfordert wird.

PS: Wie halten es eigentlich andere Staaten mit derlei Aussagen? Hört man ein "Wir alle sind Frankreich!", "Wir alle sind Italien!", "Wir alle sind die Türkei!", "Wir alle sind Marokko!", "Wir alle sind Ägypten!", "Wir alle sind China!", "Wir alle sind der Iran!" usw.? Nein! Die deutsche Anbiederung/Willkommenskultur ist mal wieder einzigartig. Bemerkenswert auch, dass sie in unseren Leitmedien weder kommentiert oder kritisiert wird. Weil diese Form von Stimmungsmache gar nicht mehr auffällt, weil sie inzwischen Bestandteil unseres anerzogenen Mainstreams, der empfundenen "Normalität", geworden ist.

„Was soll von Deutschland und seiner Kultur übrig bleiben, wenn unser Staat immer wieder zum Allgemeingut erklärt wird?"

Gute Migranten, schlechte Migranten. Taugt Deutschland zum Einwanderungsland?

Wie viel Zuwanderung kann Deutschland verkraften? Wann werden die Biodeutschen zur Minderheit? Kann es auf ewig einen für alle offenen Sozialstaat geben? Wann kippt die Stimmung?

Was ist Rassismus und was ist Rufmord?
Es ist etwas oberfaul im deutschen Sozialstaat. Tonangebende Gutmenschen machen alle nieder, die vor einer Überreizung unserer beispiellosen "Weltoffenheit" warnen. Dominante Zuwanderungsgewinnler/-lobbyisten beschimpfen ihre Gegner als fremdenfeindliche Rassisten. Das ist eindeutig Rufmord! Denn es geht in der Sache ja nicht um die Herabwürdigung von Menschen, es geht allein um die Grenzen der Aufnahmefähigkeit. So ist auch der oft geschmähte, aus der SPD ausgestoßene Thilo Sarrazin alles andere als ein Rassist. Denn in seinen Bestsellern (u.a. "Deutschland schafft sich ab") präsentiert er ausschließlich Fakten (um eine unheilvolle Entwicklung zu stoppen). Dass diese Fakten vielen Naivlingen, Gesundbetern und Ignoranten nicht ins Konzept passen, kann nicht verwundern. Unser Exkanzler Helmut Schmidt dachte offenbar ähnlich wie Thilo Sarrazin. Er wurde jedoch aus der SPD nicht verbannt. War er zu populär, wagte man nicht, ihm einen Rassismus oder eine Fremdenfeindlichkeit zu unterstellen?

120

Löst das Wohlstands-Nomadentum die Probleme unserer Zeit?
Ist es ein tragfähiges Konzept, wenn Bedürftige den jeweils großzügigsten Sozialstaat als neue Heimat rekrutieren können? So nach dem Motto "Ich danke Allah, dass er mich in dieses Paradies geschickt hat!". Werden mit dieser Strategie die Probleme unserer Zeit nachhaltig gelöst? Was geschieht, wenn der paradiesische Sozialstaat unter der Last des Ansturms zugrunde geht? Es ist kaum davon auszugehen, dass Wohlstandsnomaden ihrer neuen Heimat dann noch die Treue halten. Sie werden weiterziehen ins nächste "weltoffene" Sozialparadies (falls es dann noch eines gibt).

Wie stark ist die Bindung zur neuen Heimat?
Schlägt das Herz der Zuwanderer für die alte oder die neue Heimat? Niemand kann seine Herkunft verleugnen, jeder Mensch wird geprägt von seiner Kultur, seiner Religion, seiner Herkunft, seiner Familie, seinen Vorfahren. Diese tiefen Gefühle lassen sich nicht einfach an der Grenze ablegen, sie werden oft über Generationen weitervererbt. Auch deutsche Doppelpässe machen aus ehemaligen Migranten nicht zwangsläufig gute Deutsche, die sich für ihr neues Vaterland einsetzen, es lieben, auch in schlechten Tagen zu ihm stehen und bereit sind, deren Demokratie im Notfall mit der Waffe zu verteidigen, eventuell sogar am Hindukusch.

Gute Migranten, böse Migranten …
Sicherlich sind viele Migranten ein großer Gewinn für unseren Sozialstaat. Vor allem, wenn sie hochqualifiziert und gutsituiert sind. Generell ist eine kulturelle Vielfalt eine wertvolle Bereicherung für unsere Gesellschaft. Aber das Ganze sollte halt nicht übertrieben werden. Wenn die eigentliche Identität eines Landes zunehmend verschwimmt, wenn durch ungebremste Zuwanderung und eine unterschiedliche, weltanschaulich bedingte Geburtenrate der Charakter einer Nation verlorengeht und die Alteingessenen zur Minderheit schrumpfen, ist eindeutig das Maß des Zumutbaren längst überschritten. Durch geschickte Zahlenspiele wird dieser deutliche Trend verkleistert. Indem zum Beispiel nur noch den Kindern ehemaliger Einwanderer ein Migrationshintergrund bescheinigt wird, die Enkel und Urenkel aber als Urdeutsche gezählt werden.

Wo gibt es sonst noch dichtbesiedelte Vielvölkerstaaten?
Im Fernsehen wird ständig vor einer weitverbreiteten Fremdenfeindlichkeit (und einem wachsenden Antisemitismus) gewarnt. Das ist sehr demütigend. Und auch sehr unfair, weil schließlich 99,9 % der Biodeutschen solche abartigen Gefühle fremd sind. Seien wir doch einmal ehrlich: Wo gibt es auf der Erde ein zweites dichtbesiedeltes Land mit ähnlicher Aufnahmequote und sozialer Unterstützung? Nirgends! Und wie würden die Ein-

heimischen in anderen Staaten (in Asien, Afrika, Südamerika) reagieren, wenn ihre Lebensart durch den Zustrom von Ausländern immer mehr verdrängt wird und viele der Einwanderer vom Staat eine lebenslängliche kostenlose Rundum-Vollversorgung beziehen und laut herumtönen, wenn irgendwas mal nicht ihren Erwartungen entspricht bzw. sie sich benachteiligt fühlen?

„Aber die klassischen Einwanderungsländer beweisen doch, dass Multikulti funktioniert!"
USA, Kanada, Australien – sind das echte Vorbilder? Deren Existenz beruht schließlich auf der weitgehenden Auslöschung/Verdrängung der Ureinwohner, der Indianer und Maoris. Erst aus diesem Vakuum heraus entwickelten sich die zugewanderten Mischkulturen. Und dass diese relativ jungen Nationen problemlos funktionieren, wird wohl auch niemand behaupten wollen. In den USA jedenfalls spitzt sich die Spaltung der Gesellschaft immer mehr zu. Auch dort sinken die realen Nettolöhne seit gut 40 Jahren und es ist kein Trendwechsel in Sicht. Viele Weiße sehen den steten Niedergang des Landes als direkte Folge der unaufhörlichen Wanderungsbewegungen, vornehmlich aus den südamerikanischen Elendsregionen. Wie soll dieser Abwärtstrend gebrochen werden?

Die verstärkte Zuwanderung von Kriminellen, Arbeitsscheuen und Ungebildeten trübt das allgemeine Image der Migranten.
Es ist ja nun einmal nicht so, dass sich aus den Entwicklungs- und Schwellenländern ein Spiegelbild der dortigen Gesellschaft auf den Weg ins ferne Paradies begibt. Es "fliehen" leider überproportional solche, die bereits in ihrem Heimatland zu den Losern gehörten, oft sogar mit kriminellen Hintergrund. Deshalb wollen auch die meisten afrikanischen Staaten ihre eigenen Landsleute nicht wieder zurücknehmen (sie sind heilfroh, diese Leute los zu sein).

Diese durchs übliche Raster Gefallenen trüben leider das Bild bei der Akzeptanz und Wahrnehmung der Migrationsproblematik. Es kommt in weiten Teilen der Bevölkerung nicht gut an, wenn Zugezogene keinerlei Anstalten machen, sich vernünftig zu integrieren, wenn sie nach 30 langen Jahren immer noch kaum deutsch sprechen, den Paten oder Pascha mimen, bei einem Streit gleich das Messer ziehen, Alteingesessene mit demonstrativer Verachtung strafen und mächtige kriminelle Clans und Abschiebungsunwillige unseren Rechtsstaat regelrecht vorführen.

Warum die Flucht durch ganz Afrika?
Der rohstoffreiche afrikanische Kontinent ist riesengroß (dreimal größer als Europa) es gibt dort 54 souveräne Staaten. Und in vielen dieser Staaten geht es deutlich aufwärts

(während sich in den alten Industrienationen der Niedergang manifestiert). Nebenbei bemerkt profitiert Afrika auch davon, dass die teuren wissenschaftlichen und technischen Errungenschaften weitgehend auch den Entwicklungsländern zur Verfügung stehen (allein die Entwicklung vom Fernsprecher zum Smartphone wird einige Billionen Euro an Forschungsgeldern verschlungen haben). Also wenn es in Afrika bereits so viele positive Fortschritte gibt fragt man sich doch, warum "Kriegsflüchtlinge" ausgerechnet ins kultur- und klimafremde Europa müssen, bevorzugt sogar ins angeblich fremdenfeindliche Deutschland? Sie riskieren dabei Leib und Leben und zahlen horrende Beträge an dubiose Schleuser. Da stimmt doch etwas nicht.

Deutschland kann mehr tun – gibt es nun endlich ein Lieferkettengesetz?
Seit Jahrzehnten fordere ich von unseren Politikern, nur solche Importe nach Deutschland zuzulassen, die unter humanen Arbeitsbedingungen hergestellt und fair entlohnt wurden. Jetzt hat tatsächlich unsere Bundesregierung einen solchen Gesetzentwurf (wenn auch in zunächst in abgespeckter Form) vorgestellt. Bravo! Es wäre schön, wenn dieses überfällige Gesetz bald in Kraft treten könnte. Es war für mich schon immer unbegreiflich, wie seriöse Staaten bei der hemmungslosen Ausbeutung der Arbeitssklaven wegschauten, wieso sie nicht die Global Player anhand eines Lieferkettengesetzes in die Pflicht nahmen. Würden zum Beispiel die Malocher auf den Baumwollfeldern, den Tee-, Kaffee-, Kakao - oder Bananenplantagen das Dreifache verdienen, würden diese exotischen Lebensmittel kaum weniger konsumiert. Der Verbraucher zahlt halt das, was er zahlen muss. Das gilt noch mehr für seltene Rohstoffe, die für die moderne Industrie unentbehrlich sind. Wie kann man nur wegsehen, wenn in afrikanischen Minen die Bergarbeiter unter lebensgefährlichen Bedingungen zu absoluten Hungerlöhnen schuften? Das zuzulassen ist doch ein Verbrechen! Notfalls muss die zivilisierte Welt in Afrika selbst Handelsorganisationen aufbauen, die die Waren dort zu fairen Garantiepreisen aufkaufen und an die Global Player weiterveräußern (mit anerkannten Fair-Trade-Zertifikaten).

Gilt für die Weißen eine ewige Erbschuldideologie?
Viele selbstgerechte Ankläger sehen die Weißen in der Pflicht, weil sie einst andere Kontinente ausgebeutet haben, zum Beispiel über den unseligen Kolonialismus und Sklavenhandel. Sogar das deutsche Kaiserreich unterhielt für eine relativ kurze Zeitspanne (von 1880 bis 2018) einige Kolonien, die aber nach Meinung vieler Historiker nur Verluste bescherten (weil in den Aufbau und die Verwaltung der Schutzgebiete weit mehr Gelder flossen als wieder eingenommen wurde).

Darf man "den Weißen" aus dieser tragischen Geschichte heraus eine Erbschuld anlasten? Ich denke nicht. Schuld sind immer nur die tatsächlich Verantwortlichen, also diejenigen, die Verbrechen angeordnet oder ohne Befehlsnotstand durchgeführt haben. Es gibt nun einmal keine Kollektivschuld, eine vererbbare schon gar nicht. Außerdem darf nicht ignoriert werden, dass die weiße Zivilgesellschaft kaum minder geknechtet und ausgebeutet wurde als ihre Leidensgenossen in den Kolonien. Im 19. Jahrhundert mussten die Deutschen unter den unwürdigsten Bedingungen in den Fabriken 70 bis 80 Stunden die Woche schuften. Das Geld reichte kaum fürs Essen und eine erbärmliche Unterkunft. Eine Alters- und Krankenversicherung gab es zumeist nicht, wer ernsthaft krank wurde, war dem Tode geweiht. Was haben diese Deutschen (etwa 98 % der Bevölkerung) mit dem Unrecht in fernen Kontinenten zu tun? Absolut nichts! Haben sie davon profitiert? Absolut nicht! Darf man ihre Nachkommen in der sechsten Generation jetzt dafür haftbar machen? Nein!

Die Instrumentalisierung der Opferrolle ist nicht zielführend!
Weil sie rückwärtsgewandt ist. Was würde es bringen, wenn der Genozid an den Deutschen im Dreißigjährigen Krieg (1618 - 1648) täglich hervorgekramt und vorwurfsvoll zelebriert würde (im Kampf gegen das Vergessen). Damals waren etwa ein Drittel der Bevölkerung (sechs von achtzehn Millionen) den Ränkespielen der Kirche bzw. in- und ausländischer Mächte zum Opfer gefallen. Die einfachen Leute wurden niedergemetzelt, ermordet oder sind ganz einfach verhungert, weil die durchs Land marodierenden Söldnerarmeen ihnen sämtliche Lebensmittel raubten. Hat dieser Schicksalsschlag die Deutschen in eine Dauerdepression und Untätigkeit versetzt? Nein. Und 1914, als einige europäische Regenten einen Weltkrieg anzettelten und damit auch die deutsche Bevölkerung abermals ins Unglück stürzten, ist die deutsche Zivilbevölkerung daran zerbrochen? Nein. Selbst das Versailler Unrechts-Friedensdiktat, das die unglückselige Nation de facto in eine Art Versklavung trieb, wurde zumeist zähneknirschend akzeptiert. Und die daraus gewachsene fürchterliche Schreckenszeit der Nazidiktatur, die am Ende auch zehn Millionen deutsche Leben kostete, wurde weggesteckt. Wer maßt sich an, „den Deutschen" für alle diese unfassbaren Schicksalsschläge verantwortlich zu machen, eindeutigen Opfern immer wieder die Täterrolle zuzuschieben?

Und so ist auch die ständige Anklage gegen „die Weißen" eine rassistisch motivierte Angelegenheit. Denn sie stempelt Unbeteiligte zu Schwerverbrechern und impliziert, "Bleichgesichter" seien eine egoistische, bösartige Menschenmutation. Dabei gibt und gab es gute und böse Menschen in allen Kulturen, der jeweilige Charakter ist und war völlig unabhängig von der Hautfarbe, Kultur und gesellschaftlichen Stellung. Im Nachhinein alles unbedarft mit der heutigen Moral zu beurteilen zeugt eh von einer primitiven Geisteshaltung. Wo kämen wir hin, wollten wir jetzt alle weit zurückliegenden Geschehnisse neu aufrechnen? Welche Schuld tragen die Völker und Soldaten von Alexander dem Großen, Cäsar oder Dschingis Khan an den Verbrechen ihrer Heerführer?

Wie integriert ist jemand, der sich ständig benachteiligt fühlt?

Sehr viele Migranten fühlen sich in Deutschland vernachlässigt und benachteiligt. Sie jammern und klagen, dass es für sie viel schwieriger sei, einen fair bezahlten Job oder eine vernünftige, bezahlbare Wohnung zu finden. Ja, diese Migranten haben sicher recht. Aber es ist halt das Los von Zugewanderten (vor allem wenn man fremdländisch ausschaut und die eigene Kultur zum Beispiel über ein Kopftuch demonstrativ zur Schau stellt). Es ist nun einmal in den menschlichen Genen verankert, eigenen Landsleuten prinzipiell eher zu vertrauen. Weil man evtl. deren Familien kennt, sie sesshafter sind, einen guten Leumund haben, die Landessprache perfekt beherrschen usw. erwartet man von ihnen mehr Verlässlichkeit (im Beruf, bezüglich pünktlicher Mietzahlungen, Schonung der Wohnung usw.). Dieses natürliche stärkere Vertrauen in die eigenen Landsleute wird man niemals gänzlich abbauen können. Nirgendwo. Daraus eine Fremdenfeindlichkeit abzuleiten halte ich für ungerecht. Wer wirklich integriert ist, wird über zwangsläufig bestehende Vorbehalte hinwegsehen und sie nicht zum Anlass nehmen, daraus anklagende Vorwürfe abzuleiten. Denn wer wirklich integriert ist, betrachtet sich als gleichberechtigtes Mitglied der Zivilgesellschaft und fühlt sich nicht den Alteingesessenen moralisch überlegen.

Wer erklärte Deutschland zum Einwanderungsland?

Selbst im Spiegel las ich schon gefühlte tausend Mal, Deutschland sei ein Einwanderungsland. Doch wer hat das verfügt? Gab es darüber einmal eine Volksabstimmung? War es jemals ein großes Wahlkampfthema? Nein, man hat den Wandel über die Hintertür, über eine mediale Dauerberieselung (Gehirnwäsche) vollzogen. So als ob dieser bedeutsame Akt das Selbstverständlichste von der Welt sei. Obwohl man doch wusste, dass ein extrem dichtbesiedeltes Land sich nun wirklich nicht zum Einwanderungsland eignet. Vor allem nicht, wenn es sich dabei um einen äußerst generösen Sozialstaat handelt. Denn der wirkt natürlich auf alle Bedürftigen in dieser Welt wie ein ständig pochender Magnet.

Es ist dieser selbstherrliche Umgang mit unserer Demokratie, einer angeblich repräsentativen Demokratie, die vielen Leuten bitter aufstößt und einige psychisch kranke Durchgeknallte zu Fremdenhassern und Rassisten werden lässt. Täglich diesen Ausnahmerassismus im Staatsfernsehen als größte Gefahr zu brandmarken und damit die Gesamtbevölkerung zu stigmatisieren und zu demütigen, provoziert geradezu neuen Missmut. Denn ein solches Vorgehen spaltet am Ende unsere Gesellschaft. Würde man heute ein

Plebiszit über die Zuwanderung abhalten, wäre es allerdings zu spät. Denn inzwischen haben etwa 40 % der Einwohner einen Migrationshintergrund (wenn Enkel mitgezählt werden) – und die würden größtenteils für eine weitere Zuwanderung plädieren.

Dänemark will keinen einzigen Flüchtling mehr aufnehmen!
In den griechischen Elendslagern vegetieren Flüchtlinge (darunter viele Kinder) unter den fürchterlichsten Bedingungen. Dennoch sind sogar die dänischen Sozialdemokraten srikt gegen eine weitere Aufnahme von Asylanten. Sie sagen ganz offen: "Wir lassen uns nicht erpressen und nicht zu, dass ungebetene Zuwanderer unseren Sozialstaat ruinieren!". Und weiter: "Nicht Dänemark müsse sich dem Islam anpassen, der Islam müsse sich vielmehr Dänemark anpassen.". Man stelle sich einmal vor, in ähnlicher Form hätten sich AfD-Politiker geäußert. Nicht auszudenken.

Merkwürdig, dass nur wenige Kilometer von meinem Heimatort entfernt die Menschen offenbar ganz anders über die Zuwanderung denken. Berichten in Dänemark die Medien ganz anders über das Jahrhundertproblem? Gibt es dort kein zuwanderungsfreundliches Staatsfernsehen und keinen Gesinnungsjournalismus? Das Beispiel Dänemark zeigt doch eigentlich, dass man bezüglich der Zuwanderung durchaus unterschiedlicher Meinung sein kann und eine offene und ehrliche Debatte darüber sinnvoll wäre.

„Wenn Einheimischen die Umwandlung zum Vielvölkerstaat nicht passt, können sie ja auswandern!"
Ist es nicht arrogant und beschämend, wenn deutsche "Volksvertreter" sich in dieser Form äußern? Tragen solche Parolen zur Versöhnung bei? Davon abgesehen halten sich ja eh schon jährlich zigtausende Eliten an diese Empfehlung. Sie gehen freiwillig. Und im Gegenzug kommen u. a. Analphabeten ohne Schul- oder Berufsabschluss und ohne deutsche Sprachkenntnisse. Ist dieser provozierte Austausch ein tragfähiges Konzept?

Wie konnte es angehen, dass der dichtbesiedelte deutsche Sozialstaat zum Vielvölker-Einwanderungsland umfunktioniert wurde?

Schleichend, ohne echte politische Legitimation? Dieses Husarenstück war nur möglich, indem laute Demagogen, naive Gutmenschen und verbissene Multikulti-Fanatiker ein deutschfeindliches Klima der Selbstverachtung schufen. Ein Klima, in dem jeder Umerziehungs-Unwillige als Ewiggestriger, Rassist, Fremdenfeind oder Neonazi abgestempelt wurde. Auf diese Weise haben sich das Establishment und die Strippenzieher der öffentlichen Meinungsbildung jegliche echte Opposition vom Halse gehalten.

Wie manipuliert man eine Bevölkerung?
Gans einfach: Indem man ihr immer wieder ein schlechtes Gewissen einredet – vor allem über das Staatsfernsehen. Indem man zum Beispiel in den Nachrichten ständig an Einzelfälle irrer Rassisten erinnert, daraus eine Verderbtheit der Gesellschaft und eine Kollektivschuld ableitet – und bei jeder Gelegenheit die Greuel des Holocaust und des 2. Weltkriegs aufleben lässt. Einem derart gedemütigten und verunsicherten Volk kann man fast alles unterjubeln. Selbst den Euro, die EU, die Schuldenunion, die Nullzinspolitik und die schleichende Umwandlung der eigenen Heimat zu einem offenen, unfinanzierbaren Vielvölkerstaat.

Würde man heute Leute wie Konrad Adenauer, Ludwig Erhard und Helmut Schmidt als rechtsradikal einstufen? Weil sie gegen den Vielvölkerstaat waren, gegen die Nullzinspolitik, gegen eine Erbschuld-ideologie, gegen die Lohntarifunterwanderung usw.?

Beispiele beliebter Irreführungen bezüglich des Sozialstaates …

Der Sozialstaat ist kein Goldesel, den man bis zur Erschöpfung abmelken kann. Aber genau das wird oft suggeriert. Und daraus wächst ein unstillbares Anspruchsdenken.

„In Deutschland leben 2,8 Millionen Kinder in Armut!"

Gegendarstellung:
Mehr als jeder fünfte Jugendliche und mehr als jedes fünfte Kind leben in Deutschland in Armut. Angeblich. Denn die Zahlen basieren auf einer merkwürdigen Kalkulation. Als arm bzw. "armutsgefährdet" gilt, wer in einem Haushalt lebt, dem weniger als 60 % des durchschnittlichen Einkommens zur Verfügung stehen. Nach dieser Auslegung könnten in einer Überfluss-Gesellschaft eines Tages selbst Millionäre ihre Bedürftigkeit nachweisen. Dabei ist die Berechnung des Haushaltseinkommens sehr tükisch. Es unterschlägt die vielen Sonderhilfen, die zum Beispiel den Hartz-IV-Familien zustehen. Würde man diesen schier unendlichen Hilfekatalog in die Berechnung mit einbeziehen, hätten die vermeintlich Benachteiligten oft mehr Geld als die Vergleichsgruppe der Durchschnittsverdiener.

Warum kommt es zu dieser kuriosen Verklärung der Sachlage? Weil Sozial-Lobbyisten und Sozialpolitiker daraus ihre Daseinsberechtigung ableiten! Es wird ein Handlungsbedarf bzw. eine Gerechtigkeitslücke vorgegaukelt, die es so gar nicht gibt. Das Kindergeld und die entsprechenden Hartz-IV-Hilfen sollen zu Lasten der übrigen Gesellschaft immer weiter aufgepäppelt werden. Manch multikulti-vernarrtem Parteistrategen geht es wohl auch darum, erwerbslosen Zuwandererfamilien mehr zuzuschanzen, um Deutschland für Asylanten noch attraktiver zu machen (die eines Tages aus Dankbarkeit dann deren Gutmensch-Partei wählen).

Anmerkung: Oft heißt es in den Medien lediglich warnend, jeder fünfte unter 18-Jährige sei "von Armut bedroht". Diese ausweichende Interpretation klingt weniger anklagend und harmoniert besser mit den üblichen Lobeshymnen ("Noch nie ging es uns so gut wie heute!"). Eine "Bedrohung" gibt es aber für alle in Deutschland lebenden Bürger, denen der Herrgott nicht persönlich einen Wohlstand garantiert. Denn wer kann in heutiger Zeit schon sicher sein, dass sein Einkommen langfristig garantiert und sicher ist? Nicht einmal auf den Staat ist Verlass, wie die Rentner in den drei letzten Jahrzehnten bitter erfahren mussten. Kurzum: Das Wort "Bedrohung" ist eine weitere Nebelkerze.

„Das deutsche Existenzminimum ist eine Zumutung!"

Gegendarstellung:

Heute steht einem Hartz-IV-Kind oft mehr zu als in den goldenen 1950er Jahren einer fünfköpfigen Familie! Ich habe damals als Kind die Wirtschaftswunderzeit miterlebt. Niemand hat damals von Armut geredet, obwohl sich die Menschen nur das Allernotwendigste leisten konnten. Es gab damals keine Tafeln, keine Kleiderkammern, nicht einmal Kindergeld, natürlich auch keinen Wohngeldzuschuss oder was auch immer. Das karge Gehalt des in der Regel alleinverdienenden Vaters musste für die ganze Familie reichen. So war man froh, wenn man mal das Margarinebrot mit Zucker bestreuen durfte und es sonntags für die Kinder vielleicht sogar etwas Fleisch gab (ein halbes Würstchen). Bekleidung wurde aufgetragen, evtl. mehrfach gewendet und umgearbeitet. Dennoch bin ich der Meinung, dass wir Jugendlichen damals ein besseres (und gesünderes) Leben hatten als heute. Kaum jemand hat den Luxus der Reichen vermisst. Man war zufrieden mit dem Wenigen, das man hatte.

Das heutige Anspruchsdenken ist mir zuwider! Für jedes Kind einer Hartz-IV-Familie erhalten die Eltern schon einmal als Grundstock 283-373 Euro in bar (gestaffelt nach Alter), neben dem Anspruch auf 15 qm zusätzlichem Wohnraum natürlich (die Warmmiete übernimmt das Amt). Und es gibt ein ganzes Arsenal von zusätzlichen Fördertöpfen für Sonder- und Härtefälle. Wenn es anklagend heißt, Hartz IV mutet Eltern zu, ihre Kinder für 2,70 Euro am Tag zu ernähren, so ist das schon eine dreiste Verklärung. Wenn ein Kind zwölf Euro täglich allein an regulären Barleistungen erhält, kann fürs Essen auch mehr als 2,70 Euro ausgegeben werden.

Welches Existenzminimum gilt in osteuropäischen Ländern? Wie abgehoben das deutsche Existenzminimum ist, merkt man bei einem Vergleich mit Osteuropa. Viele Großfamilien wären froh, wenn sie an staatlichen Zuwendungen das erhielten, was in Deutschland einem einzigen (Armuts)kind zugestanden wird. Ich halte die deutsche Interpretation von Armut daher für ein äußerst arrogantes Anspruchsdenken.

Radikale Umschichtung: Erwerbslosenfamilien geht es finanziell oft besser als entsprechenden Doppelverdienerhaushalten. Welch eine Sogwirkung löst allein dieser moralisch äußerst bedenkliche Umstand aus? Dient es der Menschenwürde, wenn hart arbeitende Berufstätige bis zum Umfallen malochen müssen, um mit ihren Abgaben das Dolce Vita krimineller Familienclans zu finanzieren? Mein Vater hat als Alleinverdiener mit seiner Hände Arbeit ohne jegliche soziale Hilfen (Kindergeld gab es damals nicht) sich selbst, seine Frau und seine sechs Kinder ernährt. Heute würden bei gleicher Konstellation einer Hartz-IV-Erwerbslosenfamilie monatlich ca. 2700 Euro netto Bargeld + Warmmiete für eine 150-qm-Wohnung + ca. 1000 Euro an Sonderhilfen zustehen (insgesamt also ca. 5200 Euro netto). Die 5200 Euro gelten in unserem weltoffenen Sozialstaat als Existenzminimum. Wie soll sich Arbeit da noch lohnen? In welch abgehobener Konsumwelt leben wir? Und warum gilt das von Sozialarbeitern betreute Existenzminimum nicht für Freiberufler, Selbstständige, Minirentner usw.?

„Die schlechte Umverteilung ist Schuld an den Reallohnsenkungen …"

Klarstellung:
Seit 1980 sinken die Reallöhne und Renten fast aller Deutschen, während eine kleine Minderheit von etwa fünf bis zehn Prozent der Bevölkerung immer reicher wird. Woran liegt das? Hat diese Fehlentwicklung so gar nichts mit der Globalisierung zu schaffen – liegt es nur an der schlechten Umverteilung, bräuchte man also nur die Reichensteuern erhöhen?
Es ist doch gerade die Globalisierung (der Abbau der Importzölle), die
• den globalen Lohndumpingwettbewerb verursacht (wer arbeitet am billigsten),
• die Maximierung der Kapitalrenditen erlaubt (z. B. über Aktien),
• eine Erhöhung der "Reichensteuern" verhindert. Denn die Globalisierung entfacht einen weltweiten Steuerwettbewerb – die Vermögenden und Eliten gehen naturgemäß dorthin, wo es für sie am günstigsten ist. Eine Steueranhebung (mehr Umverteilung) ist somit oft gleichbedeutend mit einer Vertreibung der Leistungsträger (führt also langfristig zu Mindereinnahmen). Am Ende müssen für alle generösen Umverteilungen immer die Normalverdiener und Rentner aufkommen.

„Die ewige Forderung nach Reichen- oder Vermögenssteuern entpuppt sich als purer Populismus. Es ist schon kurios, dass ausgerechnet die Politiker, die mit ihrer Zollphobie das globale Lohn- und Steuerdumpingsystem verteidigen, mehr Umverteilung einfordern. Für wie blöd hält man die Wähler?"

130

„Man muss doch nur den Druck auf die Arbeitslosen weiter erhöhen ...“

Kurzantwort:

Schon vor Jahren wollte die hohe Politik das eigentliche Problem (den globalen Lohndumpingwettbewerb) nicht eingestehen. Anstatt also die Zölle (oder die Mehrwertsteuer) allmählich wieder heraufzusetzen, erhöhte man den Druck auf die Arbeitslosen – Hartz IV wurde aus der Taufe gehoben und unter dem Beifall der Medien auch durchgesetzt. An diesem lächerlichen "fördern und fordern" wurde bis heute eisern festgehalten. Wenn auch die SPD in vielen Punkten wieder zurückgerudert ist, wird die Agenda 2010 leider noch immer als Erfolg verkauft.

Dabei geht man nicht gerade zimperlich mit der Wahrheit um. Man behauptet einfach frech und ungeniert, der Abbau der Massenarbeitslosigkeit und das Wirtschaftswachstum der Jahre 2006 bis 2008 seien das Ergebnis des umstrittenen Reformwerkes. Dabei verhielt es sich genau umgekehrt: Hartz IV führte 2005 zu einem starken Anstieg der Arbeitslosenzahlen – erst Konjunkturpakete, Staatshilfen, Schuldenschnitte, Billiggeldschwemmen und eine schamlose Bilanzkosmetik brachten die Wende.

„Falsche Zahlen (Bilanzkosmetik), Vorurteile und Irrlehren führen zu falschen Schlussfolgerungen und in der Summe zu fatalen Fehlentscheidungen. Eine Wende zum Besseren kann es nur geben, wenn Schönfärberei, Vorurteile und Irrlehren erkannt und verinnerlicht werden!“

„In Deutschland gibt es keine Arbeitsverweigerer ...“

Gegendarstellung:

"Es gibt keine Arbeitsverweigerer, weil die Hartz-IV-Hilfe gekürzt werden kann." So die Theorie. In der Praxis schaut das natürlich wieder ganz anders aus. Da genügt es, wenn der Arbeitsunwillige sich bei seiner ihm zugewiesenen Aufgabe ungeschickt oder demotiviert anstellt. Solche Leute kann kein Chef gebrauchen. Ein ultranaiver Sozialstaat hat gegen "Sozialschmarotzer" quasi keinerlei Handhabe, er kann niemanden (anders als in einer Diktatur) zu einer akzeptablen Leistung zwingen.

Also: Je höher die Sozialleistungen, desto geringer die Arbeitsmotivation. Dieser Umstand führt in einem übertriebenen Klima der Umverteilung und Anspruchsmentalität allmählich zu einem staatsbedrohlichen Wandel der Arbeitsmoral.

Vor allem bei Zuwanderern aus fremden Machokulturen ist die Hemmschwelle zur Leistungsverweigerung gering. Manch ein Macho ist sogar stolz darauf, das verhasste Gesellschaftssystem der Ungläubigen (Christen) pervertieren zu können.

„Ohne Werkverträge wären manche Branchen nicht mehr wettbewerbsfähig!"

Mein Kommentar:

Die obige Aussage ist sogar korrekt! Aber zur Wahrheit gehört auch: Das ganze Dilemma ist eine Folge der offenen, zollfreien Grenzen. Gäbe es angemessene Importzölle, könnten ausländische Dienstleister und Produzenten nicht deutsche Tariflöhne unterlaufen und heimischen Branchen so den Garaus machen.

In der Fleischindustrie zum Beispiel hätte es bei geringerem Kostendruck auch nicht den Zentralisierungswahn gegeben, der auf dem Rücken der Schlachttiere ausgetragen wird (lange Transportwege). Warum wird in der Öffentlichkeit nicht eine derart offene und ehrliche Debatte geführt? Warum meint man, mit der Bloßstellung der Missetäter, einer besseren Überwachung und der Beschränkung von Werkverträgen sei alles geritzt? Ich kann die Antwort selbst liefern: Die Forderung nach einer Wiederbelebung der Zölle (vor allem innerhalb Europas) ist politisch nicht legitim. Weil die konzernfreundlichen, radikalen Ideologien nicht angetastet werden dürfen.

> *„Das typische Ritual in unserem Medienzeitalter: Man entrüstet sich über einige Sünder und Missstände, verschweigt und vertuscht aber die wahren Hintergründe dieser Fehlentwicklungen. Wie lange wird es z. B. bei weiterhin offenen Zollgrenzen und teureren Produktionsbedingungen noch deutsche Schlachtbetriebe geben? Dient es dem Tierwohl, wenn unser Fleisch bald nur noch aus dem Ausland kommt?"*

„Jede Hartz-IV-Sanktion ist eine zuviel!"

Gegendarstellung:

"Jede Hartz-IV-Sanktion ist eine zuviel!" Diesen Unsinn verkünden notorische Gutmenschen und linke Sozialpolitiker. Das Bundesverfassungsgericht hatte im November

2019 die Möglichkeiten von Hartz-IV-Sanktionen eingeschränkt. Seither sind Widersprüche und Klagen (auf Staatskosten) gegen Hartz-IV-Sanktionen noch erfolgreicher. 70 Prozent der Klagen kamen 2020 durch. Immer wieder wird beteuert, in Deutschland gäbe es keine Arbeitsverweigerer. Aber wie will man in einem Sozialstaat Menschen in ein geordnetes Berufsleben zurückführen, wenn Sanktionen kaum noch greifen und es Erwerbslosenhaushalten finanziell oft besser geht als entsprechenden Arbeiterfamilien? Glaubt man wirklich, das Problem eines so künstlich entfachten Fachkräftemangels über eine hohe Zuwanderung von Billiglöhnern lösen zu können? Die Erfahrungen aus den letzten 50 Jahren sollten doch eigentlich das Gegenteil bewiesen haben.

„Wir brauchen höhere Erbschafts- und Vermögenssteuern!"

Gegendarstellung:
Die Lieblingsthese linker Tagträumer hat leider einen ganz großen Haken: Sie ignoriert die tatsächlichen Gegebenheiten! Denn wir leben schließlich nicht mehr im Mittelalter, sondern in einer offenen Welt. In einer Zeit, in der jedes Unternehmen oder jeder Superreiche sich seinen Standort aussuchen kann. Somit besteht ein globaler Wettbewerb, auch bei den Vermögens- und Erbschaftssteuern. Was nützen hohe Abgaben, wenn sie unsere Unternehmen, Eliten und Superreichen vergraulen? In anderen Ländern wären diese Vertriebenen hochwillkommen. Langfristig betrachtet sinken nach einer solch kurzsichtigen Steuererhöhung die diesbezüglichen Einnahmen. Weil jeder Goldesel sich nur bis zu einem gewissen Grad abmelken lässt.

Insofern erweisen sich auch alle diesbezüglichen Modellrechnungen als reine Spekulation (Makulatur). Wer meint, den Sozialstaat immer weiter aufblähen zu können auf Kosten einer kleinen Minderheit, lebt in einer Märchenwelt. Selbst wenn moralisch betrachtet "Reichensteuern" durchaus sinnvoll wären – was nützt es? Am Ende entscheidet der Markt, also die Konkurrenzsituation zu anderen Ländern. In vielen meiner Schriften habe ich dargelegt, wie man zum Beispiel Konzerne steuerlich in die Pflicht nehmen kann, ohne sie aus dem eigenen Land zu vertreiben. Es gäbe da so manche praxistaugliche Möglichkeiten.

„Geld ist ja da!"

Gegendarstellung:Geht's noch? Naive Sozialpolitiker und mächtige Lobbyverbände argumentieren bei jeder Gelegenheit, Geld sei doch genügend da. Damit begründen sie ihr grenzenloses Anspruchsdenken, ihre steten Forderungen nach noch höheren Sozialleistungen. Seit Jahrzehnten tobt unter den typischen Umverteilungsparteien (SPD, CDU, Die Linke, Die Grünen) ein erbitterter Überbietungswettbewerb. Merkwürdigerweise wird diese Anbiederung an die Bürger, diese schamlose Abart wahltaktischer Bestechung, selten als Populismus gegeißelt. Man dreht allzugern den Spieß um und bezeichnet ausgerechnet diejenigen, die vor einer Überreizung des Sozialstaates warnen, als Populisten bzw. als dumpfe Volksverführer.

Dabei birgt die Parole "Geld ist ja da!" eine Unmenge hochexplosiven Sprengstoffes. Denn die Geld-ist-ja-da-These schürt bei den vermeintlich Bedürftigen & Benachteiligten stete Unmut und Unzufriedenheit. Sie spaltet somit die Fundamente unsere Solidargemeinschaft. Auf diese subtile Weise wird eine unersättliche Forderungsmentalität regelrecht herangezüchtet. Und zwar weltweit. Überall, wo in fernen Kontinenten Hunger, Religionswahn, Kriegswirren und Elend herrschen, sieht man Deutschland als Ziel aller Sehnsüchte, als ein von Allah gelobtes Land, als Gottes Paradies auf Erden.

Aber ist denn überhaupt genug Geld da? Die Verfechter der fatalen Anspruchsthese spalten sich in zwei Gruppen: Die Theoretiker meinen, die Zentralbanken könnten doch Geld schöpfen so viel sie wollten ("Whatever ist takes") und die Sozialisten versteifen sich auf den Irrglauben, es mangele nur an der gerechten Umverteilung. Die Umverteiler fordern einerseits die totale Weltoffenheit, ignorieren aber, dass die Konzerne, Reichen, Eliten und Leistungsträger bei einem solch liberalen System nicht an ein bestimmtes Land gekettet sind. Solange man Investoren und Betuchte nicht mit Gewalt im leistungsfeindlichen Schröpfungsstaat einsperren kann, führen überdimensionierte Abgaben zur schleichenden Abwanderung. In Deutschland mit seinen 84 Millionen Einwohnern soll es angeblich nur noch etwa 15 Millionen Nettosteuerzahler geben (wenn man direkte und indirekte Staatsdiener, die letztlich über Steuergelder bezahlt werden, nicht mitzählt). Als Nettosteuerzahler bezeichnet man solche Leute, die mehr Geld an den Staat einzahlen als sie über Sozialleistungen wieder herausbekommen (zum Beispiel übers Kindergeld usw.).

Der Trend in Deutschland ist deshalb auch recht eindeutig: Leistungsträger wandern ab, Leistungsbedürftige wandern ein. Je höher die Umverteilungsmechanismen, desto stärker wirkt sich dieser Effekt aus. Am Ende wird es vermutlich darauf hinauslaufen, dass der Sozialstaat kollabiert und die Sozialhilfen drastisch eingeschränkt werden müssen, wobei sich dann auch Deutschlands wirtschaftliche Leistungsfähigkeit verflüchtigt hat. Selbst einige afrikanische Staaten werden dann vielleicht besser und gesünder dastehen als der einstige hochnäsige Exportweltmeister. Der Abstieg zum multikulturellen Unruheherd scheint mir quasi vorprogrammiert. Verdummungsparolen wie "Geld ist ja da!" haben dazu nicht unwesentlich beigetragen.

Habe ich eine Aversion gegen Gutmenschen?

Ja! Und warum? Weil ich es nicht abkann, wenn vermeintliche Wohltäter auf Kosten der Allgemeinheit den Heiligen spielen. Weil sich viele Gutmenschen für ihre Großherzigkeit feiern lassen, aber kein Wort darüber verlieren, was die ganze Sache kosten wird und wer am Ende die Zeche bezahlen soll.

Der Gutmensch schmückt sich mit fremden Federn!
Er gibt sich wie ein Engel, ohne über die Folgen seiner Forderungen aufzuklären, geschweige denn dafür selbst aufkommen zu wollen. Das heimtückische Gutmensch-Spektakel beruht also hauptsächlich auf Volksverdummung und einlullender, verklärender Propaganda.

Gutmenschen lenken den Fokus auf die Menschlichkeit und missbrauchen das natürliche Mitgefühl der Menschen. Mit bewegenden Worten und Bildern schildern sie die Not der Bedürftigen, ohne über die Finanzierung der eingeforderten Hilfen nachzudenken. Der bis zur Erschöpfung malochende Steuerzahler in Deutschland, der selbst kaum über die Runden kommt und die grenzenlose Menschlichkeit bezahlen soll, bleibt außen vor. Seine Sorgen und seine Argumente bleiben ungehört und unbeachtet. Für ihn gibt es keine Hilfsorganisationen, keine Humanität. Er muss funktionieren und löhnen.

Das weltfremde Pochen auf die Menschenrechte!
Viele naive Gutmenschen pochen immer wieder auf die Einhaltung der Menschenrechte. Aber sie machen das nicht etwa in den Staaten, wo es wirklich angebracht ist, wo Terror und Willkür herrschen, sondern sie tun es ausgerechnet bei uns (hier ist es ja auch viel bequemer und ungefährlicher). Sie suggerieren der gutgläubigen Bevölkerung, einjeder Mensch auf dieser Welt habe ein Anrecht darauf, sich das Schlaraffenland seiner Träume auszusuchen, auch wenn es am anderen Ende seiner Welt liegt.

Für diese verbohrten Idealisten darf es keinerlei Aufnahmebeschränkungen geben. Es schert sie nicht, ob der Staat bzw. die zur Aufnahme verurteilte Gesellschaft eine massenhafte, invasionsartige Zuwanderung überhaupt verkraften kann.
Wie würde unser Staat wohl aussehen, müssten die Kosten für Wirtschaftsflüchtlinge

und Asylbewerber allein über Spenden aufgebracht werden – und nicht aus der verschleiernden Anonymität des Staates heraus? Dann könnten die Gutmenschen ja einmal zeigen, wie ernst sie es meinen und wie es um ihren Edelmut tatsächlich bestellt ist.
Man sollte wissen: Die Kosten für einen einzigen unbegleiteten jugendlichen Flüchtling (der ja oft als Vorhut geschickt wird, um den Nachzug der Großfamilie zu erzwingen) belaufen sich in Deutschland auf 5250 Euro – pro Monat.

Wehe wenn die Stimmung kippt!
Das Vertrauen in den Sozialstaat ist eine Gratwanderung. Geht es Sozialhilfeempfängern (Asylanten, Erwerbslosen) mit ihrer 100-%-Vollkasko-Absicherung zunehmend besser als Niedrig- und Durchschnittsverdienern, kippt die Stimmung. Wozu sich noch krumm machen, wenn der Staat die Arbeitsleistung kaum noch honoriert oder sie sogar bestraft? Was geschieht, wenn immer mehr resignierte Werktätige ins Hartz-IV-Lager wechseln? Wann bricht das fragile Umverteilungssystem zusammen? Auch der letzte Phantast und Träumer wird irgendwann erkennen müssen, dass Menschenrechte und das Existenzminimum nicht beim Herrgott einklagbar sind und es sich beim Steueraufkommen nicht um eine unversiegbare Quelle handelt.

> *„Wie würde unser Staat wohl aussehen, müssten die Kosten für Wirtschaftsflüchtlinge und Asylbewerber allein über Spenden aufgebracht werden – und nicht aus der verschleiernden Anonymität des Staates heraus? Unsere Kirchen müssen sich schließlich auch über freiwillige Beiträge finanzieren."*

Kapitel X

Beispiele der rassistischen Schmähung und Verunglimpfung von Biodeutschen ...

In den Medien und damit auch in der Bevölkerung wird vornehmlich nur der Rassismus gegen Migranten wahrgenommen. Dabei werden die täglichen rassistischen Beleidigungen, Verletzungen und Demütigungen gegen die verschmähten Biodeutschen geradezu als Selbstverständlichkeit oder Muss angesehen. Hier wünschte ich mir etwas mehr Sensibilität. Denn auch die Einheimischen haben Respekt verdient, sind keine Menschen II. oder III. Wahl, keine Nachfahren von Unmenschen und Mördern.

„Deutschland ist das Land der Rassisten!"

Gegendarstellung:

Zwar wird dieser Satz so deutlich nicht immer ausgesprochen, aber in seinem Kern ist er stets präsent (sogar in den staatlichen, gebührenpflichtigen Fernsehnachrichten). Warum nur? Die tägliche Vergiftung des allgemeinen Mainstreams (die Warnung vor Rassismus, rechter Gewalt, Faschismus usw.) zielt eindeutig darauf, die verhasste AfD zu stigmatisieren und als unwählbar darzustellen. Denn pfiffige Demagogen (Menschenverführer) haben es verstanden, der einzigen echten Opposition im Bundestag den Nimbus der Neonazis anzuhängen. Parteipolitisch ist das gleichbedeutend mit einem Todesurteil. Nur so konnte der rasante Aufstieg der Alternativen gebremst werden, denn international werden die Ziele der AfD als Politik der Mitte verstanden (nur in Deutschland ticken die Uhren halt anders).

Sogar weit zurückliegende Terroranschläge geistig Verwirrter werden heute instrumentalisiert und nach 39 Jahren als politisch motiviert eingestuft (der Anschlag auf das Münchener Oktoberfest zum Beispiel). In der Tagesschau wurde an vorderster Stelle drei Minuten lang darüber berichtet (nach 39 Jahren). Auch wenn es bei der Polizei vereinzelt "Halbstarke" gibt die meinen, ihren jugendlichen Übermut durch dumme Nazibilder oder makabre Machosprüche belegen zu müssen, werden diese extremen Ausnahmen verallgemeinert und beherrschen monatelang die staatliche Fernsehkultur.

Ist es tatsächlich so, dass ausgerechnet Deutschland (das sozialste Asylland der Welt) ein akutes Problem mit dem Rassismus und rechten Umtrieben hat? Ist also die mediale Fokussierung auf diese Randerscheinung der Gesellschaft legitim? Berechtigt die Existenz von dreißigtausend Neonazis und Reichsbürgern dazu, das deutsche Fernsehvolk ständig zu demütigen, in Panik zu versetzen und es kollektiv mit verwirrten Seelen in einen Topf zu werfen? Wo bleibt die Verhältnismäßigkeit der Mittel? Denn wenn es danach ginge, müssten im Fernsehen auch tagtäglich die übrigen tausenden Verbrechen dramaturgisch aufgearbeitet werden (mit Nennung des Migrationshintergrundes). Ein jeder (auch Journalisten) sollte darüber einmal nachdenken und auch auf die oft selbstherrliche Gewichtung (Einordnung) des Tagesgeschehens achten. Was scheint den verantwortlichen Fernsehmachern so wichtig, dass sie es ständig wiederholen müssen? Wieviele tausende Fernsehminuten wurde und wird allein über die NSU berichtet (fast immer im verallgemeinernden Anklageton)? Wie weit will man die ständige Schamkultur noch überstrapazieren?

„In Deutschland werden Ausländer diskriminiert!"

Mein Kommentar:
Ausländer haben es in Deutschland schwerer, eine günstige Wohnung oder gut bezahlte Arbeit zu finden. Das stimmt sicherlich. Andererseits: Ist das nicht auf der ganzen Welt so? Bekommen nicht überall die Einheimischen einen kleinen Bonus, eine Art Vertrauensvorschuss? Weil man deren Charakter meint besser einschätzen zu können, eventuell sogar deren Familie kennt, die einen guten Ruf genießt. Und weil die Einheimischen meistens auch die Landessprache besser beherrschen, man sie deshalb besser befragen und sich mit ihnen austauschen kann.

Außerdem weiß man nun einmal, dass alteingesessene Landsleute in der Regel sesshafter sind als zugezogene Arbeitsnomaden, die nur ins Land kamen, um hier ein besseres Leben zu führen ("Lebe deinen Traum in Deutschland!"). Ein Arbeitgeber investiert oft viel in die Aus- und Weiterbildung neuer Mitarbeiter. Es ist für ihn deshalb wichtig, den geförderten Mitarbeiter möglichst lange im Betrieb zu halten. Und insgesamt betrachtet sind Einheimische diesbezüglich nun einmal verlässlicher.

Wie ist es eigentlich umgekehrt? <u>Wie geht es erwerbslosen Weißen in Afrika, Südamerika oder arabischen Staaten?</u> Sind sie dort willkommen, erhalten sie soziale Unterstützungen und eine passable Unterkunft? Sind sie dort gern gesehen? Betrachtet man sie als vollwertige Einheimische, wenn sie die dortige Staatsbürgerschaft annehmen? Ich denke jeder, der ohne finanzielle Sicherheit oder eine konkrete Aussicht auf einen guten Job in ein fremdes Land zieht sollte wissen, worauf er sich einlässt und keine unerfüllbaren Forderungen an den Gaststaat stellen.

"30 % der Deutschen sind ausländerfeindlich!"

Widerspruch:

Politik & Medien posaunen gerne in die Welt hinaus, ein Großteil der Deutschen sei ausländerfeindlich. Weil diese Bösewichter der Auffassung zustimmen, es gebe "zu viele Ausländer" in Deutschland. Ich halte es für eine Unverfrorenheit, derlei Schlussfolgerungen zu ziehen und weltweit zu verbreiten. Über 30 Prozent der in Deutschland lebenden Bevölkerung haben einen Migrationshintergrund, bei den jungen Leuten sind es noch mehr. Wenn jemand diese hohen Prozentzahlen kritisch betrachtet, ist es doch wohl sein gutes Recht, da muss man ihm nun wirklich nicht gleich eine Ausländerfeindlichkeit unterstellen.

Unser allseits geschätzter Exkanzler Helmut Schmidt hat bezüglich des Ausländeranteils bereits vor 40 Jahren gemeint, "Das Boot ist voll!". Damals waren die Migrationszahlen wesentlich niedriger, betrugen nicht einmal ein Drittel des heutigen Niveaus. Will man unserem weltoffenen Altkanzler tatsächlich auch eine "Ausländerfeindlichkeit" unterstellen? Wenn unsere Politiker und Medien von sich aus bei jeder Gelegenheit das Bild des häßlichen Deutschen zeichnen, dann darf man sich nicht wundern, wenn im Ausland dieses Eingeständnis Wirkung zeigt, aufgegriffen und ausgenutzt wird.

„Die Deutschen sind einfach zu dumm für eine intelligente Vermögensplanung!"

Ist das so?

Gemeint ist mit diesem Pauschalvorwurf die Treue "der Deutschen" zu Spareinlagen. Das wird in Fachkreisen als äußerst töricht angesehen. Intelligent wäre demnach vor allem das Investment in Aktien (vor allem Aktienfonds). Doch wie sicher sind heute noch Aktien? Der Hype der vergangenen Jahrzehnte beruht doch hauptsächlich auf staatlichen Manipulationen! Aktienwerte sind explodiert, weil die Politik es so wollte! Weil sie ein äußerst konzernfreundliches Klima geschaffen hat, in dem die Global Player die Staaten nahezu hemmungslos erpressen und abzocken können (Lohn-, Steuer-, Ökologie-, Zolldumping). Es wurden sogar zahlreiche Möglichkeiten geschaffen, sich der Steuerlast ganz zu entziehen. Gekrönt wurde der staatlich geförderte Aktienhype durch eine seit zehn Jahren anhaltende Billiggeldschwemme (Nullzinspolitik).

Jederzeit kann jedoch eine Regierung zur Einsicht kommen und das Ruder herumwerfen. Dann purzeln die Aktienkurse, teilweise sogar ins Bodenlose. Ist also jemand besonders intelligent, der sich diesem Risiko ausliefert? Oder kann er darauf vertrauen, dass die Weltfinanz angesichts der Coronakrise das Unrechtssystem ändert, zu Lasten der Konzerne? Wo doch die Politikeliten (fälschlicherweise) meinen, in einem ausweglosen Abhängigkeitsverhältnis zu den Großunternehmen zu stehen und auch einen Zusammenbruch privater Pensionskassen fürchten (deren Zahlungsfähigkeit sich auf steigende Aktienkurse stützt)?

Das deutsche Volk hat in den letzten 100 Jahren mehrfach dem Kollaps seines Staates und der Vernichtung seiner Vermögenswerte zusehen müssen. Es weiß inzwischen: Es gibt keine todsicheren Investments, alles ist mehr oder weniger abhängig von politischer Willkür. Es ist eine Unverschämtheit zu behaupten, die Deutschen seien besonders dämlich und hätten selber Schuld, wenn sie wegen der Null- und Minuszinspolitik schleichend enteignet werden.

Gekrönt wurde der staatlich geförderte Aktienhype durch eine seit zehn Jahren anhaltende Billiggeldschwemme (Nullzinspolitik).

„Deutschland trägt eine historische Verantwortung!“

Gegendarstellung:

Darf man es sich so einfach machen? Sind derlei Schmähparolen gerechtfertigt, dienen sie der Aussöhnung? In der Menschheitsgeschichte gab es tausende sinnlose Kriege und zahlreiche Völkermorde. Tragen nun alle daran Beteiligten eine "historische Verantwortung". Dann gäbe es wohl heute keinen Staat, der davon nicht betroffen wäre. Dabei weiß doch jeder, dass die Schuldfrage meist sehr komplex ist und die breite Bevölkerung machthungrigen Despoten und Kriegstreibern hilflos ausgeliefert ist. In jeder Gewaltdiktatur greift das Prinzip von Befehl und Gehorsam. Entweder man gehorcht oder man wird gefoltert bzw. liquidiert (womöglich unter Einbezug engster Angehöriger).

Aus diesem perfiden Unterdrückungssystem eine historische Verantwortung abzuleiten halte ich für gewagt. Denn "historische Verantwortung" bedeutet im Grunde nichts anderes als vererbbare Kollektivschuld. Und dahinter wiederum verbirgt sich ein gefährlicher Rassismus. Ein gedemütigtes Volk, das auf ewig mit einem Kainsmal herumlaufen muss, ist in seiner Handlungsfähigkeit nicht mehr wirklich frei. Es muss aus seinem eingeimpften Schuldkomplex heraus oft klein beigeben. So wie die Bundesrepublik in den letzten Jahrzehnten (Abschaffung der DM, Verzicht auf nationale Grenzen, Abschaffung der Zinsen und Zölle, Transferunion usw.).

Offenbar zielen die verallgemeinernden Schuldzuweisungen und Dauerdemütigungen darauf ab, eine Wiederbelebung oder gar Normalisierung des deutschen Nationalbewusstseins zu verhindern. Denn die wäre so gar nicht im Sinne der mächtigen EU-Lobby. Diesbezüglich teile ich auch nicht die Auffassung, große Teile der deutschen Bevölkerung seien während der Nazizeit dem sektenhaften Wahn eines Antisemitismus verfallen gewesen. Der Judenhass wurde vornehmlich über eine gleichgeschaltete mediale Gehirnwäsche der Bevölkerung einzuimpfen versucht, verfing aber nur bei einer Minderheit (den Karrieristen, Obrigkeitshörigen, Ungebildeten und Gutgläubigen). Nicht minder gehässig (rassistisch) scheint mir die Behauptung, hauptsächlich "Deutsche" hätten den Holocaust geplant und begangen. Denn die verheimlichte Judenvernichtung war einzig und allein die Idee des nach Deutschland eingewanderten Adolf Hitler.

Es ist leider nur zum geringeren Teil gelungen, die wirklich Schuldigen des Holocaust und des II. Weltkriegs zur Verantwortung zu ziehen. Aber darf man sich deshalb an den Unbeteiligten schadlos halten, den späten Nachfahren ehemaliger Opfer, die gleichfalls ihr Leben, ihre Famlienangehörigen, ihre Gesundheit oder ihr Hab und Gut verloren haben? <u>Wer die historische Verantwortung für das große Leid von 1914 bis 1945 sucht, findet die Schuldigen sicher nicht in den Reihen hilfloser, manipulierter, unbedeutender Untertanen, sondern bei den wenigen wirklich Mächtigen der damaligen Zeit.</u>

„Historische Verantwortung" = vererbbare Kollektivschuld = antideutscher Rassismus. "

„Wer die Erbschuld nicht akzeptiert, ist rechtsradikal!"

Gegendarstellung:
Die Biodeutschen werden allgemein als Nachkommen von Judenmördern und Kriegsverbrechern betrachtet. Das ist gelebter Rassismus, stempelt alle Folgegenerationen zu Menschen 2. Klasse! Es wird ignoriert, dass in einer totalen Gewaltdiktatur allein der Führerbefehl galt, dem sich alle beugen mussten. Es wird ignoriert, dass es eine Kollektivschuld nicht geben kann und nicht geben darf, erst recht keine vererbbare.

Täglich werden in deutschen Medien unsere Bürger vorwurfsvoll und anklagend mit den Schrecken des Holocausts und des 2. Weltkrieges konfrontiert. Was will man damit bezwecken? Sollen selbst junge Menschen bereits mit einem Schuldkomplex aufwachsen, sollen sie sich als unwertes Leben fühlen? Oder will man sie nur für alle konzernfreundlichen Anliegen gefügig machen, sollen sie in Demut die Absonderlichkeiten sinkender Löhne, der Brüsseler Bevormundung, des Euro, der hohen Zuwanderung, der

Entnationalisierung, der Multikultiideologie und des innereuropäischen und globalen Lohn-, Konzernsteuer-, Zoll- und Zinsdumpings erdulden?

> *„Wer meint, es sei müßig, heute noch über die fatale Erbschuldideologie nachzudenken, der hat aus der Geschichte nichts gelernt. Denn Hitlers Aufstieg war die Folge der ungerechten Schuldzuweisungen und Reparationsforderungen nach dem 1. Weltkrieg. Der ungezügelte Hass (Rassismus) gegen die Deutschen nach 1918 beflügelte den Revanchismus und führte damit geradewegs in die nächste Katastrophe.“*

„'Die Deutschen' haben den 2. Weltkrieg angefangen ...“

Richtigstellung:

Es waren nicht "die Deutschen", es waren ganz allein Hitler und Stalin, die den Krieg angefangen haben (der durch die Kriegserklärungen Frankreichs und Großbritanniens zum Weltkrieg ausartete). Noch kurz vor Kriegsausbruch hielten selbst amerikanische Beobachter es für ausgeschlossen, dass von dem deutschen kriegsmüden Volk eine Gefahr ausgehen könnte. Die Kollektivschuldthese ist unhaltbar, volksverhetzend und rassistisch!

Zudem wird kaum jemand bestreiten können, dass allein die Versailler Verträge Hitlers Putsch ermöglicht haben. Hitler hätte in der letzten freien Wahl vor seiner Machtergreifung, also im November 1932, niemals 33,1 % der abgegeben Stimmen (= 27 % der Wahlberechtigten) erhalten, hätte der aufgezwungene Versailler "Friedensvertrag" nicht die Voraussetzungen dafür geschaffen. Den I. Weltkrieg haben letztlich die USA mit ihrem späten Eingreifen beendet und entschieden. Das war okay. Die USA hätten aber anschließend für einen gerechten Friedensvertrag sorgen müssen – und das haben sie leider versäumt. Nach dem 2. Weltkrieg haben sie das wesentlich besser gemacht.

> *„Die rassistische Erbschuldideologie hatte (und hat immer noch) weitreichende politische Folgen. Ohne diese demagogische Dauerhetze wären die EU, der Euro, die nationale Selbstverleugnung, der Multikultifanatismus usw. kaum denkbar gewesen.“*

„Unter Hitler gab es keinen Befehlsnotstand!"

Gegendarstellung: Auf die obige Lebenslüge stützt sich der weitverbreitete Rassismus gegen "die Deutschen" im III. Reich – und die damit verbundene ewig geltende Erbschuldideologie. Es ist erschreckend, wie wenig sich die meisten Menschen in die damalige Situation hineindenken können, wie sie sich von Geschichtsklitterern und Volksverhetzern immer wieder verdummen und aufwiegeln lassen.

Das ganze System Hitler, sein gesamter Terror-Machtapparat, stützte sich schließlich auf den absoluten Gehorsam, auf die Sippenhaftung und den Befehlsnotstand. Wer es wagte, sich dem Hitler-Regime zu widersetzen, musste nicht nur mit dem eigenen Tod rechnen. Er musste auch fürchten, dass man sich an seinen Familienangehörigen rächen würde. Ergibt sich aus dieser permanenten Angst etwa kein Befehlsnotstand? Wer in einer solchen Zeit und unter solchen Bedingungen nie gelebt hat, kann natürlich heute klug daherreden. Sämtliche Untertanen Hitlers waren somit Opfer einer perfekt durchorganisierten Schreckensdiktatur. Eindeutig schuldig gemacht haben sich nur diejenigen, die über den Befehlsnotstand hinaus Verbrechen begangen haben. Aber Sadisten und schlechte Menschen (und solche, die mit ihrer unerwarteten Machtbefugnis nicht umgehen können) gibt es überall, sie ist kein besonderes Merkmal "der Deutschen" (als das es gerne dargestellt wird). Zu bedenken gilt auch, dass die damalige Bevölkerung jahrzehntelang einer gehirnwäscheartigen Umerziehung ausgeliefert war und systematisch fanatisiert wurde. Schon Kinder und Jugendliche wurden gedrillt und auf die verquere Naziideologie eingeschworen.

Wer also tatsächlich aus der Geschichte lernen will sollte eingestehen, dass letztlich allein Hitler den Überfall auf Polen und damit auch den späteren Holocaust zu verantworten hatte. Er war der Revanchist, der die aufgrund des Versailler Friedensdiktates abgetretenen Gebiete zurückerobern wollte. Er war es, der für die Eskalation zum Weltkrieg das (gar nicht vorhandene) "internationale Finanzjudentum" verantwortlich machte und daraufhin ab 1942 das Judentum heimlich (ohne Wissen der Bevölkerung) ausrotten wollte. Hitlers abscheulichen Rachefeldzug dem gemeinen Volk in die Schuhe zu schieben, halte ich für widerlichen Rassismus, Rufmord und Volksverhetzung. Am Ende hat Hitler sogar das eigene Volk für die Durchsetzung seiner Wahnideen geopfert. Auf deutscher Seite gab es an die zehn Millionen Tote (im aufgezwungenen Krieg Gefallene, Bombenopfer, Flüchtlingsopfer usw.), Millionen Schwerverletzte, 60 Millionen Traumatisierte. Und dann versuchen Hassprediger und Geschichtsvergessene tatsächlich, unserer jungen Generation einzureden, es gab damals keinen Befehlsnotstand. So zu tun, als wären "die Deutschen" ein ganz übler Menschenschlag gewesen und ihre Nachkommen die Brut von Mördern und Kriegsverbrechern, ist mehr als infam, gehässig und töricht. Wer so denkt, hat aus der Geschichte rein gar nichts gelernt.

„Der Tod ist ein Meister aus Deutschland"

Gegendarstellung:

"Die Würde des Menschen ist unantastbar" heißt es bereits in Artikel 1 unseres Grundgesetzes. Wie aber verträgt sich dieser Grundsatz mit den in den Medien ständig auftauchenden Schlagworten vom "Tätervolk" oder der "Kollektivschuld"? Und wie sind demütigende Parolen wie "Der Tod ist ein Meister aus Deutschland", "deutsch ist die Sprache der Täter" usw. einzuordnen? Haben Biodeutsche kein Anrecht auf die Menschenwürde? Wenn jemand in Deutschland den Holocaust leugnet, wird er strafrechtlich verfolgt. Aber wenn "den Deutschen" immer wieder eine Schuld bzw. Mitschuld am Holocaust und den beiden Weltkriegen zugeschoben wird, regt sich niemand auf. Das gilt als völlig normal. Warum wird da mit zweierlei Maß gemessen? Warum sind unsere eigenen Politiker und Medien in diesen Belangen oft so unsensibel, warum müssen sie den Eindruck erwecken, die heutige Generation sei die Brut von Mördern, Kriegsverbrechern oder feigen Mitläufern? Meinen die Selbstgerechten unter uns tatsächlich, die jungen Leute damals hatten alle Todessehnsüchte und zogen gerne in den Krieg? Meinen sie, deren Eltern haben nicht täglich um das Leben ihrer Kinder und Angehörigen gebangt?

Welche Folgen hat dieser verkappte Rassismus, diese hartnäckig verfolgte Sühnekultur? Die Existenz der EU und des Euro zum Beispiel scheint mir nur erklärlich, wenn man derlei "Errungenschaften" als Akt der Wiedergutmachung (Reparation) versteht. Haben alle deutschen Leitfiguren bzw. Meinungsbildner wirklich mitbekommen, wie Hitler und seine Führungsriege das niedere Volk umerzogen, drangsaliert und missbraucht haben? Für die Judenvernichtung gibt es einprägsame, elektrisierende Begriffe wie Schoah und Holocaust. Warum in aller Welt gibt es solche markanten Bezeichnungen nicht für das Leid und das Unrecht, das u. a. auch zigmillionen Deutsche erdulden mussten? War deren Leben weniger wert, hatten diese Leute selber Schuld? Es gibt in Deutschland über 50.000 Stolpersteine für Juden – aber vermutlich nicht einen einzigen für einen Christen. "Aus der Geschichte lernen" heißt, beiden Seiten gerecht zu werden, den andressierten Tunnelblick abzulegen, sich der Wahrheit zu stellen und objektiv zu sein.

Die Bundesregierung will trotz Corona in den nächsten vier Jahren eine Milliarde Euro ausgeben im "Kampf gegen den Rassismus". Aber wie es scheint, hat sie dabei nur die ca. 30.000 rechtsextremistischen Verblendeten im Auge. Die ständige Verunglimpfung von über 50 Millionen Biodeutschen (den Rassismus gegen das eigene Volk) scheint sie gar nicht so recht wahrzunehmen. Dabei sollte ihr doch einleuchten, dass der Rechtsextremismus sich zumindest teilweise aus der allgegenwärtigen Volksverhetzung rekrutiert, sich als Gegenreaktion auf die selbsterlebte Herabwürdigung herausbildet. Warum muss alles Deutsche so entehrt werden, warum darf es keine eigenständige deutsche Kultur oder Identität geben, warum muss ausgerechnet das dichtbesiedelte Deutschland zum weltweiten Allgemeingut und Vielvölkerstaat umgebaut werden?

„Wir sind bunt, nicht braun!"

Gegendarstellung: Es fällt schwer, sich einen noch dümmlicheren und arroganteren Satz auszudenken als diesen. Denn dieser Satz suggeriert: Alle Menschen, die Multikulti ablehnen, sind Nazis. Das ist ungeheuerlich, das ist Volksverhetzung in höchster Vollendung! Nahezu alle auf dem Boden der Realität stehenden Staaten haben dem Multikultiwahn abgeschworen. Weil er in der Praxis einfach nicht funktioniert und auf Dauer schier unlösbare Probleme schafft. Vor allem, wenn sich der Staat der Humanität, Moral und sozialen Gerechtigkeit verschrieben hat. Denn zum einen ist ein weltoffener Sozialstaat langfristig nicht finanzierbar. Zum anderen führt es aber auch zu schweren Verwerfungen, wenn es aus entfernten Kontinenten eingereisten Sozalhilfeempfängern besser geht als Einheimischen. Oder wenn ausländische Rentner, die nie etwas in die deutsche Rentenkasse eingezahlt haben, die gleiche oder gar mehr Rente erhalten als hiesige Erwerbstätige nach einem langen Arbeitsleben.

Diese Vergewaltigung der sozialen Gerechtigkeit und Moral wird letztlich jede Gesellschaft zermürben und spalten. Die Distanz zwischen Bürgertum und dem als unfair betrachteten Staat wird sich kontinuierlich verstärken. Bis schließlich jeder Multikultler den Staat nur noch als ein abstraktes Monstrum betrachtet, das es auszunutzen gilt. Anstelle der homogenen nationalen Solidargemeinschaft entwickelt sich mehr und mehr eine Nimm- und Forderungsmentalität, es triumphiert der allgegenwärtige persönliche Egoismus.

„Der braune Sumpf gehört trockengelegt!"

Mein Kommentar:
Natürlich, darüber sind sich ja wohl 99,9 % der Bundesbürger einig. Doch was bezweckt man mit diesen täglichen Appellen? Es geht doch dabei offensichtlich in erster Linie nicht um die echten Außenseiter unserer Gesellschaft, die Neonazis und Reichsbürger. Man will mit den nebulösen Pauschalierungen vielmehr die AfD treffen. Über viele Jahre wurde diese einzig echte Oppositionspartei (die es wagt, die EU, die Nullzinspolitik, den Euro, die Zuwanderung, die Exportabhängigkeit usw. kritisch zu betrachten), in die rechte Ecke gestellt und diffamiert. Klar doch, dass die breite Bevölkerung als Folge

dieser gehirnwäscheartigen Dauerberieselung nunmehr bei jeder Entrüstung gegen rechts meint, die AfD sei damit gemeint (zumal das oft auch geschickt suggeriert wird).

Die demagogischen Scharfmacher des Establishments haben es teilweise also geschafft, die AfD zum Synonym für rechte Gewalt und rechte Dumpfbacken zu machen (um mit dieser perfiden Masche die einzig echte Opposition weitgehend auszuschalten). Unsere Demokratie scheint mir daher weit mehr von den traditionellen Parteien gefährdet als von der AfD. Wer Alternativen bzw. Andersdenkende auszuschalten, zu stigmatisieren oder zu unterdrücken versucht, ist alles andere als ein Demokrat.

„Unsere Demokratie scheint mir daher weit mehr von den traditionellen Parteien gefährdet als von der AfD."

„Ein Staat, der sich zu sehr mit der Vergangenheit beschäftigt, kann seine Zukunft nicht gestalten."

Kommentar:

Eine Binsenweisheit, die sich manche Politiker hinter die Ohren schreiben sollten. Sie gilt vor allem deshalb, weil heutige Beurteilungen über ehemalige Geschehnisse oft mehr als wohlfeil sind und nicht die damaligen Moralvorstellungen, Zwänge und Verhältnisse berücksichtigen. Staaten, die sich aufgrund ihrer lang zurückliegenden Geschichte ewig in einer Opferrolle wähnen, vernachlässigen ihre Chancen und ihr Potential, wenn es um den Aufbau ihres Landes geht. Und umgekehrt werden Regierungen, deren Bürgern in rassistischer Weise eine ewige Erbschuld angelastet wird, auch in ihren Handlungen gehemmt (den Herausforderungen der Zeit mit einer hinderlichen Demutshaltung und Voreingenommenheit begegnen). In diesem Falle gibt es von mir also ausnahmsweise keine Gegendarstellung, sondern eine Bestätigung der Aussage.

„Vom Krieg und vom Holocaust kann ich einfach nichts mehr hören!"

Ich verstehe diese Einstellung vieler Bundesbürger. Wenn nahezu täglich über das Staatsfernsehen die deutschen Vorfahren als Kriegsverbrecher, Mörder oder zumindest feige Mitläufer geschmäht werden und deren Nachkommen indirekt eine ewig vererbbare

Kollektivschuld angehängt wird, will man auch einmal auf andere Gedanken kommen. Das Problem ist nur: Die Erbschuldideologie, die im Grunde menschenverachtend und rassistisch ist (die Biodeutschen sind nicht Menschen II. Klasse) bestimmt seit Jahrzehnten die bundesdeutsche Politik. Hätte es in Deutschland seit 40 Jahren einen schleichenden Reallohnrückgang und eine Vervielfachung der ungeschminkten Arbeitslosenzahlen gegeben, wenn nicht immer wieder deutsche Interessen vernachlässigt worden wären? Der radikale Umbau zum offenen Vielvölkerstaat, der Verzicht auf eine eigene Währung, souveräne Staatsgrenzen und Dumpingschutzzölle, die Nullzinspolitik und Schuldenunion – dies alles war nur möglich wegen der permanenten Instrumentalisierung der Erbschuldideologie.

Wer die historische Verantwortung für das große Leid von 1914 bis 1945 sucht, findet die Schuldigen sicher nicht in den Reihen hilfloser, manipulierter, unbedeutender Untertanen, sondern bei den wenigen wirklich Mächtigen der damaligen Zeit.

Beispiele beliebter Irreführungen bezüglich westlicher Postdemokratien ...

Die überzeugendsten Demagogen sind diejenigen, die von ihren radikalen Ideologien (EU, Euro, Globalisierung, Multikulti) regelrecht besessen sind und geschickt mit Rufmord, Vorurteilen, Verschwörungstheorien und Halbwahrheiten jonglieren.

„Wir leben in einer parlamentarischen Demokratie!"

Gegendarstellung:

Von 1933 bis 1945 sprach man von „Führerdemokratie" ... Sie hatte absolut nichts Demokratisches an sich, die Bezeichnung "Führerdemokratie" klingt wie der reinste Hohn. Die Gestapo (geheime Staatspolizei) sowie ein Netz aus Spitzeln und Denunzianten und nicht zuletzt die Einschüchterungstrupps der SA und SS sorgten für eine brutale Unterdrückung des Volkes. Mit geschickter Propaganda und der politischen Gleichschaltung auf allen Ebenen wurde versucht, die Bevölkerung auf die Ideale des nationalen Sozialismus einzuschwören. "Unbelehrbare" und Gegner des Regimes gerieten mitsamt ihrer Familien in existentielle Not, wurden weggesperrt oder gar hingerichtet.

Und unsere heutige Demokratie?

Sie hat natürlich mit Hitlers Terrordiktatur absolut nichts gemein. Es gibt unterschiedliche Parteien, eine freie Presse, ein großzügiges Demonstrationsrecht und die nahezu uneingeschränkte Meinungsfreiheit. So weit – so gut! Aber dennoch gilt festzustellen: Etwa mit Beginn der 1980er Jahre wurde über weite Teile der einflussreichen Medien (meines Erachtens angeführt vom Staatsfernsehen) eine kaum bemerkte politische Kehrtwende in Gang gesetzt. So waren zum Beispiel 80 % der Deutschen für die Beibehaltung ihrer weltweit hoch angesehenen nationalen Währung (der DM). Nach einer jahrelangen Belehrungspropaganda wurde der eindeutige Volkswille gebrochen und der Euro konnte eingeführt werden (ein Plebiszit darüber oder eine echte Auseinandersetzung darüber bei einer Bundestagswahl gab es jedoch nicht).

In vielen anderen schicksalsrelevanten Grundsatzfragen verfuhr man ähnlich. So wurde zum Beispiel der Zoll allgemein geächtet und die Globalisierung als wohlstandsfördernd und unabänderlich verkauft. Über den Gesinnungsjournalismus wurde auch die Abschaffung nationaler Grenzen als überfällig dargestellt. "Die Kleinstaaterei wurde überwunden", hieß es süffisant. So fügte sich eines zum anderen. Die umwälzenden Systemveränderungen wurden also nicht mit Gewalt durchgeboxt – über eine weit verbreitete "Deutungshoheit" aus der Symbiose von Politik & Medien wurden Bürger Schritt für Schritt umerzogen. Andersdenkende ("Quertreiber, Ewiggestrige") wurden pauschal als Demokratiefeinde, Rassisten, Faschisten oder Antisemiten verunglimpft.

> *„Man wirkt auf die Bundesbürger solange ein, bis sie die Wünsche des Establishments und des Großkapitals als selbstverständlich und alternativlos betrachten. Ist das demokratisch?"*

„Um die Bevölkerung mitzunehmen, müssen wir alles besser erklären!"

Ist das so? Fände der Euro, die EU, die Asylpolitik usw. tatsächlich eine breitere Akzeptanz, wenn unsere Bevölkerung besser informiert wäre? Oder würde genau das Gegenteil passieren, würden die Menschen dann auf die Straße gehen und eine Kehrtwende verlangen? Ich denke, das Letztere würde geschehen! Und die für den politischen Wandel verantwortlichen Regierungsparteien würden bei den nächsten Wahlen gnadenlos abgestraft.

Bei einer objektiven, aufklärerischen Berichterstattung (vor allem in den staatlichen Nachrichtensendern) wären meines Erachtens die radikalen Ideologien der Neuzeit (Multikulturalismus, nationale Selbstverleugnung, weitreichende Aufgabe der staatlichen Souveränität bis zum Verzicht auf eine eigene Währung, Zins- und Finanzpolitik) gar nicht denkbar. Die Unwissenheit der Bevölkerung über die Zwänge, die sich aus den komplexen internationalen Abhängigkeiten ergeben, wird schamlos ausgenutzt. Aufklärung wäre das totale Gift für den von Politikern geschaffenen, unkontrollierbar gewordenen Kasinokapitalismus.

Man stelle sich nur vor: Seit 40 Jahren sinkende Nettolöhne und Renten, seit den 1965 eine Verzwanzigfachung der Arbeitslosenzahlen, seit zehn Jahren eine perverse, unmoralische und marktfeindliche Billiggeldschwemme, Nullzinspolitik und sogar Minuszinsen – wäre diese Entwicklung in einer aufgeklärten Informationsgesellschaft geduldet worden? Sicher nicht!

> *„Erst aus dem Kontext der irrlichternden Anklagen, Unterstellungen und Vorurteile ergibt sich das erschreckende Ausmaß medialer Unterdrückung (Beeinflussung, Einschüchterung, Umererziehung)."*

„Deutschland ist ein Rechtsstaat!"

Mein Kommentar:
Aber was bedeutet in diesem Falle Rechtsstaat? Dass man durch alle Instanzen gehen und mit ständigen Einsprüchen einen Prozess verschleppen kann? Bis am Ende das Verbrechen verjährt ist? Eine solche Demokratie wäre doch wohl eher ein Rechtsmittelstaat, den man austricksen und vorführen kann. Für mich zählt, wie unser Rechtsstaat sich im Alltag bewährt. Beispiele:

1. Schafft es unser Rechtsstaat, abgewiesene Asylanten wieder abzuschieben?

2. Achtet unser Staat auf die Einhaltung internationaler Abkommen (Dublin, Maastricht usw)?

3. Gelingt es unserem Rechtsstaat, faire Wettbewerbsbedingungen durchzusetzen (in einem durch Zölle geschützten Binnenmarkt gleiche Standards bei Löhnen, Steuern und Arbeitsbedingungen zu setzen)?

4. Achtet unser Staat auf die Einhaltung marktgerechter Zinsen (versucht er nicht, durch künstliche Geldvermehrung und Leitzinsmanipulationen die Marktwirtschaft auszuhebeln und sich von seiner Schuldenlast auf Kosten der Sparer zu befreien).

5. Verhindert er, dass Arbeitsverweigerer die Wertegesellschaft ausbeuten?

6. Verhindert er, dass die Bürger und die Wirtschaft in einer ausufernden Bürokratie ersticken? Löst die Politik die ewigen Versprechen des Bürokratieabbaus wirklich ein (oder macht sie genau das Gegenteil).

„Deutschland ist ein Einwanderungsland!"

Richtigstellung:
Will man die deutsche Bevölkerung überrumpeln? Will man sie einmal mehr für dumm verkaufen? Mit welchem Recht kann man Deutschland so einfach zum Einwanderungsland erklären? Deutschland ist als Einwanderungsland völlig ungeeignet – weil sein Territorium viel zu klein ist und und weil bereits eine extrem hohe Bevölkerungsdichte vorherrscht. Außerdem wäre es absurd, ausgerechnet ein Sozialparadies zum offenen Gastland zu erklären.

"Welch eine Anmaßung! Wer hat das Recht, unsere Heimat zum Einwanderungsland zu machen, ohne auch nur einmal die Urbevölke-

rung gefragt zu haben? Leben wir in einer Demokratie nach Gutsherrenart? In der die gewählten Parlamentarier das Recht haben, das Volk
zu überrumpeln oder per Staatspropaganda umzuerziehen?"

„30 % der Journalisten in Deutschland sollten einen Migrationshintergrund haben!"

Mein Kommentar: Die Forderungen manch selbstbewusster Migrantensprecher werden immer kecker. Mit einer Quotenregelung für Journalisten wollen sie nunmehr massiv auf die Meinungsbildung einwirken. Sowieso scheinen viele von ihnen der Ansicht zu sein, die Zeit sei inzwischen reif, die deutsche Kultur bzw. Identität in den Hintergrund zu drängen und dieses Land endgültig in einen allen Weltbürgern offenen Vielvölkerstaat zu verwandeln. Wie viele Organisationen gibt es allein, die die Migration nach Deutschland vorantreiben wollen, die diesbezüglich im Namen der Humanität immer neue Bedingungen stellen? Und wie viele Gruppierungen gibt es, die die vereinzelt auftretende Fremdenfeindlichkeit instrumentalisieren und mit breiter medialer Unterstützung jährliche Gedenkfeiern organisieren für lang zurückliegende Gewalttaten an Zuwanderern? Was wäre, wenn das umgekehrt auch gemacht würde?

Mit der Forderung nach einer Migrantenquote für Journalisten lässt man die Katze aus dem Sack und signalisiert, welche ferne Ziele man anpeilt. Was für Ansprüche werden erst in zehn oder zwanzig Jahren gestellt werden, wenn Menschen mit Migrationshintergrund in Deutschland vielleicht schon die Bevölkerungsmehrheit bilden? Noch immer empören sich heute viele Zuwanderer über Sarrazin's vor zehn Jahren erschienenes Buch "Deutschland schafft sich ab". Warum eigentlich? Durch das Verhalten vieler Migrations-Wortführer und Fürsprecher erfahren Sarrazin's Thesen doch eine bedrückende Bestätigung.

PS: Die meisten Zuwanderer kommen sicher ganz ohne strategische Hintergedanken nach Deutschland. Sie sind einfach auf der Suche nach einem besseren Leben. Aber es gibt ideologische Eliten, die etwas ganz anderes im Sinn haben, die die Situation ausnutzen und ihren Traum von einem Multikulti-Vielvölkerstaat im Herzen Europas unbedingt umsetzen wollen. Der bildet dann die Basis für weitere Unternehmungen.

> *„Wie viele Organisationen gibt es allein, die die Migration nach Deutschland vorantreiben wollen, die diesbezüglich im Namen der Humanität immer neue Bedingungen stellen."*

„Wir sind die Partei der Mitte!“

Gegendarstellung:

Ist es nicht anmaßend zu behaupten, man sei "die Partei der Mitte"? Wer bestimmt eigentlich, was links und was rechts ist? Dürfen wir die Deutungshoheit der Kapitallobby überlassen? Oder den Parteien selbst? Sind Parteien, die dafür gesorgt haben, dass die Reallöhne und Renten seit 1980 trotz Verdoppelung der Produktivität sanken (während Aktienkurse explodierten), noch Parteien der Mitte?

Wie verkauft man radikale Ideologien als Politik der Mitte? Ganz einfach: Indem man das weltweit Übliche, also die Normalität, als etwas Rückständiges oder Widerwärtiges darstellt. In einem solchen Fall wird zum Beispiel der souveräne, weitgehend autark funktionierende Nationalstaat (mit eigener Währung) als böses, rechtspopulistisches oder rechtsradikales Gedankengut geächtet. Während der export- und importabhängige Vielvölkerstaat als fortschrittlich und Urquell eines stetig wachsenden Wohlstandes gepriesen wird.

Rückblickend betrachtet würde ich die Politik Konrad Adenauers und Ludwig Erhards als mittig einstufen. Unter deren Kanzlerschaft wurde ein jährlicher Wohlstandsanstieg von etwa fünf Prozent erwirtschaftet. Heute würde man deren bodenständige Realitätspolitik vermutlich als rechtsradikal diffamieren.

„Es gibt keine Alternative zu unserer Politik!“

Gegendarstellung:

Auch diese beliebte Parole der herrschenden Klasse strotzt vor Überheblichkeit. Man wähnt sich quasi gottgleich und will die politische Debatte im Keim ersticken. Dabei lebt die Demokratie von der Auseinandersetzung um die besten Lösungsansätze. Dass sich die Probleme (weltweit, aber auch in Deutschland) dermaßen aufstauen konnten, liegt doch gerade an der abgehobenen Selbstherrlichkeit in Verbindung mit grenzenloser Ignoranz. Es sind die rücksichtslosen Pharisäer und Gutmenschen, die Demokratie und Toleranz predigen, aber keinen Widerspruch zulassen und unliebsame Realisten bekriegen, verleumden und verspotten (sie als Faschisten, Rassisten oder Revanchisten beschimpfen). Diese unreflektierten Leute sind dann oft auch noch stolz auf ihre rhetorische Begabung und Heldenhaftigkeit.

> *„Die Abgehobenheit der Gesinnungsmedien und deren Anspruch auf die alleinige Deutungshoheit sind die eigentlichen Ursachen einer sich ausbreitenden Spaltung unserer Gesellschaft.“*

„Die größere Partei hat das erste Zugriffsrecht!"

Kommentar:

Bei der Wahl des Kanzlerkandidaten der Union im April 2021 hieß es immer wieder, die größere Partei (also die CDU) habe selbstverständlich das erste Zugriffsrecht. Was ist das für ein Demokratieverständnis? Kommt der CSU-Kandidat also nur zum Zuge, wenn der Mitbewerber aus der CDU generös verzichtet? Das kann doch wohl nicht sein! Wie kann man nur die CDU und die CSU als rivalisierende Konkurrenten betrachten? Warum gibt es in der Union kein vorbestimmtes Prozedere, nach deren Regeln die Kandidatenkür erfolgt? Warum durften nicht alle Bundestagsabgeordneten der CDU/CSU abstimmen? Einem solchen Votum hätten sich wohl alle ohne Argwohn gebeugt, das hätten sie als gerecht empfunden.

„Die AfD ist eine antisemitische, fremdenfeindliche, rechtsradikale Neonazipartei!"

Woher weiß man das?

Es ist ein ganz und gar gefährliches Spiel, das da getrieben wird. Die einzige echte Opposition als unwählbar hinzustellen bedeutet letztlich, die Demokratie auszuhebeln. Ich kann sehr wohl verstehen, dass das herrschende Establishment nebst seinem Tross konzernfreundlicher Lobbyisten seine Pfründe zu verteidigen sucht. Aber man sollte dabei doch demokratische Spielregen einhalten. Fiesesten Rufmord zu betreiben und alle zu verdammen die es wagen, den Euro, die EU und überhaupt das globale Lohn-, Konzernsteuer-, Ökologie-, Zins- und Zolldumping zu kritisieren, ist eine ganz perfide Nummer. In einer echten, lebendigen Demokratie sollte es statthaft sein, auch in entscheidenden Grundsatzfragen anderer Meinung zu sein bzw. als Partei eine echte Alternative zu bieten. Die überfällige Auseinandersetzung mit einer beispiellosen Hetzkampagne abzublocken, ist unterstes Niveau. Das erinnert stark an das Vorgehen der Nazis, an deren demagogische Hass- und Hetztiraden gegen Juden und Kommunisten.

An dieser Stelle darf daran erinnert werden, dass unsere hochgelobte Demokratie der eigenen Bevölkerung bereits seit 70 Jahren bundesweite Plebiszite verweigert. Anstatt umwälzende Systemveränderungen (EU, Euro, Einwanderungsland) per Bundestagswahl oder per Volksabstimmung zu legitimieren, werden über eine gehirnwäscheartige Dauerpropaganda weite Teile der Bevölkerung umerzogen bzw. gefügig gemacht. Und wer sich der Umerziehung widersetzt, wird als Ewiggestriger diffamiert.

An alle, die sich gerne als Rufmörder betätigen und unsere Demokratie zerstören
wollen: Ihre Zeit ist gekommen, das AfD-Bashing ist voll im Trend. Wer sich bei der
Hatz hervortut, wird vielleicht sogar noch als Held gefeiert.

> *"Aufwiegelung, Hetze, Verschwörungstheorien, Rufmord – damit bloß
> keine breiten Debatten über heikle Themen aufkommen. Und alles
> natürlich im Namen der Demokratie und Pressefreiheit! Eine Oppositi-
> on wird nur geduldet, wenn sie in Grundsatzfragen die Standard-
> meinung nachbetet (die EU und den Euro lobt und das globale
> Dumpingsystem akzeptiert und verharmlost)."*

„Die AfD ist rechtsextrem und eine Gefahr für die Demokratie!"

Gegendarstellung:
Laut einer Umfrage der Forschungsgruppe Wahlen im November 2020 halten 85 Prozent der Deutschen die AfD für rechtsextrem, über 70 % sehen in der AfD sogar eine
Gefahr für die Demokratie. Was sagen uns diese Zahlen? Sind sie ein Beleg für die Auf-
geschlossenheit, Informiertheit, Kompetenz und Unvoreingenommenheit der Bürger?
Ist damit, wie manche Medien triumphierend verkünden, "die AfD auch politisch de-
maskiert worden"? Wohl kaum!

Die Umfragewerte belegen lediglich eines: die Vorherrschaft des Gesinnungsjournalismus. Denn die Zahlen spiegeln genau das Stimmungsbild wieder, was zuvor in den
Medien jahrelang verbreitet wurde. Ein Bombardement von Diffamierungen, Unterstellungen und Intrigen kann am Wähler nicht spurlos vorübergehen. Wer innerhalb eines
einzigen Jahres aus scheinbar berufenem Munde mehrere tausend Male vernimmt, die
AfD sei rechtsradikal, antidemokratisch, fremdenfeindlich, antisemitisch oder was auch
immer, verinnerlicht diese Hassbotschaften am Ende als absolute Wahrheit. Der Mensch
ist prinzipiell nun einmal darauf eingestellt, auf vermeintlich seriöse oder kompetente
Stimmen zu hören, sich anderen Meinungen und vor allem dem Mainstream anzuschlie-
ßen. Schon die Nazis nutzten diese Taktik für ihre üblen Ziele.

Die Bekämpfung der AfD als demokratische Heldentat zu verkaufen pervertiert indes
jegliche Logik. Die einzige im Bundestag vertretene Opposition, die in Grundsatzfragen
eine echte Alternative bietet (EU, Euro, Globalisierung, Vielvölkerstaat usw.) vernichten
zu wollen, zeugt nicht gerade von Toleranz und einem gesunden Demokratieverständnis.

Meint man wirklich, eine parlamentarische Demokratie kann nur in einem Klima politischer Gleichschaltung gedeihen? Soll im Bundestag nur über Nebensächlichkeiten und die Folgeerscheinungen einer verfehlten, reformfeindlichen Politik gestritten werden?

"Es sind die selbsternannten Retter der Demokratie, die die Vernichtung der einzig wahrnehmbaren Opposition (der AfD) anstreben."

„Wir müssen mutige Zeichen gegen rechts setzen ...“

Gegendarstellung:

Offiziell richtet sich der heroische „Kampf gegen rechts" gegen Rechtsradikale und Neonazis. Das wäre nicht zu beanstanden, sogar ehrenhaft. Aber in der breiten Wahrnehmung greift diese "Kampf-gegen-rechts-Bewegung" viel weiter, was sicher auch beabsichtigt ist. Am Ende ist es doch wohl so, dass unter dem Schutzschirm des nebulösen "rechts"-Begriffes die AfD vernichtet werden soll. Sie ist der eigentliche Adressat. Die EU-beseelten Multikultler wollen keine Störenfriede, die ihr naives Weltbild infrage stellen. Ebenso wie die "Kampf-gegen-rechts"-Initiativen, die in den Staatsmedien immer wieder eine breite Bühne finden und zahlreiche Preise einheimsen, funktionieren auch die Aktionen "gegen das Vergessen" wie eine wohldosierte Gehirnwäsche. Auch diese rassistisch anmutende Dauerbeschallung richtet sich im Grunde gegen rechts (also gegen die AfD). Sind die steten Gedenkveranstaltungen und Gedenkfeiern (sie dienen oft als groß inszenierte Aufmacher der "aktuellen" drei- bis. fünfzehnminütigen Tagesnachrichten) notwendig, weil die meisten Biodeutschen vergesslich oder dement sind? Meint man das wirklich?

Auffallend ist, dass in der Presse die Erinnerungskultur weit weniger überstrapaziert wird. Wobei ich in der Zeitung alles, was ich schon tausendmal gehört oder gelesen habe, überblättern und ignorieren kann. In den staatlichen Fernsehnachrichten habe ich diese Entscheidungsfreiheit nicht. Deren Zwangsindoktrination bzw. Gesinnungsjournalismus bin ich ausgeliefert, wenn ich zeitnah über das Tagesgeschehen informiert sein will.

Offene und unterschwellige Bekämpfung der Opposition?

Zwecks Vernichtung einer Partei gibt es zwei bewährte Taktiken: Erstens die offene Agitation. Indem man die Partei oder deren Parlamentarier zum Beispiel unaufhörlich als Faschisten, Rassisten, Antisemiten oder Demokratiefeinde beschimpft.

Viel wirksamer und tiefgreifender ist jedoch die unauffällige Verunglimpfung. In diesem Fall werden Vergehen oder verbale Ausrutscher Einzelner verallgemeinert, groß herausgestellt und bei jeder Gelegenheit wieder aufgetischt. Ein Beispiel: Der Lapsus von Herrn Gauland, als er die Nazizeit als Vogelschiss in der Geschichte Deutschlands bezeichnete. Für diesen Fauxpas hat er sich mehrfach entschuldigt. Trotzdem wurde dieser Satz millionenfach kolportiert. Und er wird auch heute noch genüsslich instrumentalisiert (als AfD-typisch dargestellt).

„Die AfD muss verboten werden!"

Gegendarstellung:

Ja, das hätten manche Parlamentarier wohl gerne! Sie berufen sich gebetsmühlenartig auf die repräsentative Demokratie, wollen aber gleichzeitig die einzig echte Opposition ausschalten. Weil sie es wagt, in Grundsatzfragen eine eigene Meinung zu vertreten.

Es lebe also die Einheitslisten-Ideologie mit Parteien, die sich nahezu nur in Nebensächlichkeiten unterscheiden (in der Höhe des Mindestlohnes, dem Ausmaß der Zuwanderung, der Ausdehnung des Asylrechts, dem Zeitpunkt des Ausstiegs aus der Atomenergie oder des Verbots von Verbrennermotoren usw.). Es scheint, als hätten viele Meinungsbildner eine Heidenangst vor einer neutralen, inhaltlichen Auseinandersetzung über überfällige Reformen, über die Zukunft Deutschlands und der EU. Sollen Wahlentscheidungen weiterhin emotional oder traditionsgemäß getroffen werden? Soll weiterhin der Personenkult triumphieren oder das über die Medien aufgebaute Vertrauen in eine etablierte Partei wahlentscheidend sein? Bloß keine sachliche Auseinandersetzung?

Dann wäre verständlich, warum um ihre Pfründe bangende Parlamentarier und eingeschworene Gesinnungsjournalisten beständig versuchen, das Vertrauen in die AfD zu untergraben, die Partei als "Gefahr für die Demokratie" darstellen, ihr nachsagen, sie "schüre Hass und spalte die Gesellschaft" und sei ein "Sammelbecken für Fremdenfeindlichkeit, Nazis und anderweitig Verwirrte (z. B. für Coronaleugner)". Wo bleibt da der Respekt vor Anders- und Weiterdenkenden? Sich selbst als Nabel der Intelligenz und Weltanschauung zu sehen und Widerspruch als Angriff auf die Demokratie zu werten ist meines Erachtens erbärmlich. Geht es also darum, ungehorsame Wähler einzuschüchtern? Ist das unser politischer Alltag, das politische Geschäft? Ist die Angst vor der Etablierung der AfD inzwischen übermächtig?

„Man darf auf Populisten nicht hereinfallen ..."

Mein Kommentar: Fragt sich nur, wer die eigentlichen Populisten überhaupt sind. Mit welchem Recht werden zum Beispiel Euro- oder EU-Gegner als Populisten diffamiert? Und warum wird jemand als Populist beschimpft, wenn er sich gegen den Zollfreihandel (das globale Lohn- und Steuerdumping) oder eine zigmillionenfache Zuwanderung ausspricht? Die wahren Populisten sind doch wohl diejenigen, die unter dem Beifall der Massen Andersdenkende verunglimpfen und ihnen sogar einen Faschismus, Antisemitismus oder Rassismus unterstellen!

Typische Populisten zeichnen sich durch ihre ewigen Anbiederungen (Wahlgeschenke) aus. Sie geben sich als wohlwollende Menschenfreunde, obwohl sie ungeniert das Geld der Durchschnittsverdiener umverteilen (Baukindergeld, Kindergeldzuschlag, kostenlose Kitas usw.). Von den Beschenkten werden die Umverteiler als große Wohltäter wahrgenommen, der gebeutelte Steuerzahler dagegen bleibt anonym im Hintergrund (er weiß von seinem Glück meist gar nichts). Die Finanzierung der grenzenlosen Barmherzigkeit bleibt im Ungewissen. Man gibt vor, sich das Geld von den Reichen zu holen obwohl man genau weiß, dass eine solche Abzocke in der Praxis nicht funktioniert (weil Eliten und Großverdiener einem Steuerhochland den Rücken kehren).

„Mit den Fingern auf andere zu zeigen, dabei selbst eine populistische Trumpfkarte nach der anderen aus dem Ärmel zu ziehen, ist in Deutschland derweil zu einem solchen Selbstverständnis geworden, dass es kaum noch jemand bemerkt!"

„Das wird sich die Bevölkerung nicht bieten lassen!"

Gegendarstellung:

Häufig wird argumentiert, man könne diese oder jene notwendige Maßnahme nicht durchziehen, weil sich die Bevölkerung das nicht gefallen lassen würde. Soll das etwa heißen, nur noch eine populistische Politik betreiben zu können? Soll sich alles also nur noch um Umverteilungen, Subventionen und anbiedernde Wahlgeschenke drehen? Augenscheinlich steckt hinter diesem unnötig geschürten Anspruchsdenken doch mehr das Parteiwohl als das Volkswohl.

Im Grunde lässt sich alles Erforderliche umsetzen. Wenn es nur den Bürgern aufrichtig erklärt wird! Und diese Aufgabe könnte bereits über das Staatsfernsehen bewältigt werden. Man stelle sich einmal vor, es würde in den Fernsehnachrichten nicht wöchentlich mehrmals an den Holocaust oder weit zurückliegende rechtsradikale Untaten erinnert – was ergäbe sich dann ein Freiraum für die Erläuterung selbst komplexer Vorgänge.

Zur Erinnerung: In der Vergangenheit wurden dennoch häufig unpopuläre Reformen durchgeboxt – sogar ohne ausreichende Aufklärungsarbeit (zum Beispiel die drastische Verschlechterung der Rentenformeln, die Hinwendung zur trickreichen Nullzinspolitik usw.). Mit der "Börse vor acht" zeigt sich, dass sehr wohl Hintergrundwissen vermittelt werden kann. Wenngleich ich der Meinung bin, dass diese werktägliche Kurzsendung vor der Tagesschau prinzipiell zu aktiengläubig, zu konzernfreundlich und zu eu- und globalisierungshörig ist.

„So ist es nun einmal ...“

Gegendarstellung:
Viele Menschen akzeptieren negative gesellschaftliche Veränderungen mit dem Hinweis "So ist es nun einmal!". Aber eine solche Einstellung kommt einer Kapitulation gleich. Wir leben doch schließlich in einer Demokratie mit unabhängigen Parteien – da sollte ein Widerstand gegen Fehlentwicklungen oder aufgezwungene Maßnahmen möglich sein. Der Niedergang Deutschlands und die Verschlechterung der Lebensverhältnisse bei einem Großteil der Bevölkerung sind Alarmzeichen, die ein Handeln, Offenheit und Ehrlichkeit geradezu herausfordern. Lähmende Beschwichtigungsparolen ("So ist das nun einmal!") sind da wirklich nicht angebracht. Eine Resignation der Wähler (Wir können ja doch nichts bewirken!") ist das Schlimmste, was einer Demokratie widerfahren kann.

Politische Bildung:
Die Manipulation der Suchmaschinen ...

Wie bildet sich die öffentliche Meinung, wie formt sich der Mainstream? Wie kommt es, dass es kaum noch Debatten gibt über mögliche Alternativen?

1. Politik und Leitmedien geben Hand in Hand die Richtlinien vor ...
Dabei tun sie im Allgemeinen so, als besäßen sie die alleinige Deutungshoheit. Sie nutzen ihr Ansehen, um selbst radikale Umbrüche (Abschaffung der DM, Umwandlung zum Vielvölkerstaat, Nullzinspolitik usw.) als alternativlose Selbstverständlichkeiten darzustellen.

2. Unterstützung erhalten Sie von Verbänden, Lobbyisten, Forschungsinstituten usw.
Wobei sich über die Rangfolge natürlich streiten lässt. Gab es zuerst das Ei oder das Huhn, also steht die Konzern- und Kapitallobby an vorderster Front oder haben Politik

& Medien das Sagen? Oder lässt sich das im Durcheinander des globalen Welthandels und Finanzsystems gar nicht mehr auseinanderhalten, ist alles miteinander verstrickt, besteht ein unsichtbares Netzwerk der Interessenlagen?

3. Das Internet als Störfaktor der öffentlichen Meinungsbildung?

Die Hegemonie aus Politik, Medien und Lobbygruppen wird seit gut 20 Jahren über das Internet attackiert. Dabei kommt den Suchmaschinen eine zentrale Bedeutung zu, denn ihre Algorithmen bestimmen das alles entscheidende Ranking der Suchergebnisse. Nur die Links, die ganz am Anfang auf den ersten Seiten plaziert werden, genießen ein hohe Achtung und Aufmerksamkeit. Je mehr eine Verlinkung nach hinten rutscht, desto geringer die Bedeutung (Einflussnahme) dieser Seite. In der Regel haben nur die ersten 20, 30 oder 40 Links eine Chance, angemessen wahrgenommen zu werden. Suchmaschinenbetreiber wissen das und zeigen nach gut 100 Links oft überhaupt keine Ergebnisse mehr an (selbst wenn es angeblich noch Hunderttausende weitere Einträge gibt).

4. Wie neutral sind die Rankings?

Es ist mehr als auffällig: Gibt man ein bestimmtes Suchwort ein (zum Beispiel „Globalisierung"), findet man eigentlich nur noch Verlinkungen auf staatliche Bildungsseiten oder Artikel von Medienkonzernen, Verbänden, Instituten usw. Privatpersonen haben so gut wie keine Chance mehr, über eine vordere Plazierung Gegenargumente vorzubringen. Wenn man so will, halten Politik, Medien und Lobbyorganisationen alle wichtigen Positionen besetzt, die Zuwege für unliebsame Kontrahenten bleiben versperrt.

5. Spielt das Ranking die Kompetenz der miteinander konkurrierenden Seiten wieder?

Leider nur bedingt. Die dominanten Seiten profitieren hauptsächlich von der Marktmacht ihrer Domain. Eine Institution, die im Netz eine Million Seiten aufbieten kann, verfügt über eine Vormachtstellung. Deren Seiten werden meist vorne gelistet, selbst wenn Inhalte banal oder wenig aufschlussreich sind. Das Problem: Die Qualität einer Website, der Beitragswert zu einem bestimmten Suchwort, lässt sich neutral kaum bewerten. Vor allem nicht mit Maschinen.

6. Algorithmen werden nicht preisgegeben.

Ein weiterer Aspekt: Die Algorithmen, also die Kriterien bei dem Ranking-Auswahlverfahren, werden niemals preisgegeben. Dürfen sie auch nicht, weil sonst Texte genau auf dieses Wertesystem abgestimmt würden. Die Suchmaschinenbetreiber wollen schließlich möglichst viel Geld verdienen (Anzeigen verkaufen) – und da wäre ein berechenbarer Algorithmus hinderlich. Damit kein erlernbares Strickmuster zu erkennen ist, werden Algorithmen auch ständig verändert, so dass es immer wieder zu starken, unerklärlichen Verschiebungen kommt. Ich habe Seiten gehabt, die jahrelang weit vorne plaziert waren und plötzlich innerhalb von wenigen Tagen im Nirwana verschwanden.

7. Selbst die miteinander konkurrierenden Suchmaschinen sind sich uneins.

Sie präsentieren teilweise recht unterschiedliche Suchergebnisse. Wären Suchmaschinen neutral, wäre das Gesamtbild einheitlicher. Eines aber lässt sich generell feststellen: Gegen die starke Präsenz der übermächtigen Platzhalter (aus Politik, Medien, und Lobbyvereinen) ist nur in Ausnahmefällen ein Ankommen.

8. Nur die sozialen Medien haben die Allmächtigen noch nicht im Griff!

Dieses letzte Refugium wird aber auch schon lange von den Meinungsfabriken unterlaufen. Wobei aber die sozialen Medien wegen unseriöser Fake News und kruder Verschwörungstheorien einen schlechten Ruf genießen. So ist es weitgehend gelungen, dieses Segment als unseriös und unglaubwürdig darzustellen. Man muss allerdings zugeben, dass die Masse der dort kursierenden anonymen Unterstellungen, wüsten Drohungen und Beleidigungen Anlass geben, Posts auf sozialen Medien mit Skepsis zu betrachten.

9. Die politische Einflussnahme beginnt bereits in der Schule …

Die Lehrpläne vermitteln oft ein einseitiges (unkritisches) Bild politischer Auffassungen. Dabei dient der über Jahrzehnte geschaffene Mainstream als Basis der Vernunft (als Maß aller Dinge). Im Internet finden nun Schüler und Studenten über die zuvorderst plazierten staatlichen Websites eine Bestätigung der gängigen Lehrmeinungen/Ansichten. Der Staat, die Länder, Schulen und Universitäten haben es tatsächlich vermocht, das Internet über die Suchmaschinen weitgehend zu kapern (im Einklang mit gleichgesinnten Verlagen, Lobbyorganisationen und Verbänden). Damit manifestieren sich leider auch bestehende Vorurteile und Irrlehren.

Gegen den Mainstream ist also trotz Internet kaum ein Ankommen.

Auch weil es im Gegensatz zu früher statt vieler tausend eigenständiger Zeitungsverlage fast nur noch große Medienkonzerne gibt. Mit Redaktionen, die sich kaum widersprechen und die gleichen konzernfreundlichen Thesen nachbeten. Sie verteidigen ihre vermeintliche Deutungshoheit und sperren sich gegen notwendige Veränderungen (Besitzstandswahrung). Sie stellen sich nicht der entscheidenden Frage, wieso alle exportabhängigen Einwanderungsländer sich seit 40 Jahren im schleichenden Niedergang befinden (sinkende Reallöhne und Renten, Vervielfachung der Arbeitslosenzahlen, schleichende Enteignung der Sparer usw.).